ORDONNANCE
DU ROI,

Pour régler le service dans les Places
& dans les Quartiers.

Du 1.er Mars 1768.

A PARIS,
DE L'IMPRIMERIE ROYALE.

M. DCCLXVIII.

TABLE DES TITRES
Contenus dans cette Ordonnance.

ORDONNANCE

ORDONNANCE
DU ROI,

Pour régler le service dans les Places & dans les Quartiers.

Du 1.er Mars 1768.

DE PAR LE ROI.

SA MAJESTÉ voulant régler définitivement le service de ses Troupes dans les Places & dans les Quartiers, relativement à la nouvelle composition qu'Elle leur a donnée, Elle a ordonné & ordonne ce qui suit :

TITRE I.er

Du commandement dans les Provinces, dans les Places & dans les Quartiers.

ARTICLE PREMIER.

LES Gouverneurs & Lieutenans généraux des provinces, lorsque Sa Majesté leur permettra d'exercer leur charge,

Service des places.   A

y auront la même autorité, chacun dans leur département, que si Elle leur avoit fait expédier un ordre ou commission expresse pour y commander.

2.

LESDITS Gouverneurs & Lieutenans généraux des provinces, veilleront à en contenir les habitans dans l'obéissance qu'ils doivent à Sa Majesté, & à les faire vivre entre eux en bonne union.

Ils contiendront pareillement les gens de guerre en bon ordre & discipline; ils commanderont aux Officiers généraux employés dans l'étendue de leur gouvernement, & aux Troupes qui y passeront ou séjourneront, & tiendront la main à l'exécution de ce qui est réglé pour le logement & autres fournitures qui devront leur être faites.

Ils en visiteront les places, pour veiller à leur garde & conservation.

Ils assembleront les Troupes en cas de besoin, & non autrement; les garnisons établies par Sa Majesté ne devant être changées que sur ses ordres, & dans les cas de nécessité absolue qu'en lui en rendant compte sur le champ.

Ils jouiront au surplus de toute l'étendue des pouvoirs qui leur seront donnés dans les provisions que Sa Majesté leur aura fait expédier.

3.

LES Officiers généraux auxquels Sa Majesté fera expédier des commissions ou ordres pour commander dans une province, en l'absence des Gouverneurs ou Lieutenans généraux, y auront la même autorité que celle qui est attribuée ci-dessus aux Gouverneurs & Lieutenans généraux des provinces, tant sur les habitans que sur les gens de guerre, à moins que Sa Majesté ne jugeât à propos de restreindre leur commandement aux seuls gens de guerre.

4.

LES Officiers généraux & Brigadiers qui seront employés dans les provinces par lettres de service, auront la même

autorité dans les places du diſtrict de leur commandement, que les Gouverneurs ou Lieutenans de Roi deſdites
places; & leſdits Gouverneurs ou Lieutenans de Roi des
places, feront tenus, ſous peine de déſobéiſſance, de ſe
conformer à ce que leſdits Officiers généraux ou Brigadiers leur preſcriront concernant le ſervice des Troupes, & de leur en rendre compte. Leſdits Gouverneurs
& Lieutenans de Roi feront chargés du détail de leur
Place ſous l'autorité des Commandans, qui ne le leur
pourront ôter ſans des raiſons les plus fortes, deſquelles
ils feront tenus d'informer ſur le champ le Secrétaire
d'État ayant le département de la guerre; leſdits Gouverneurs ou Lieutenans de Roi devant conſerver le détail
& l'exécution du commandement, même en préſence
deſdits Officiers généraux ou Brigadiers, mais ſubordon-
nément à eux.

Si leſdits Officiers généraux ou Brigadiers ſont employés
dans le plat-pays, ils n'y auront d'autorité que ſur les Troupes;
l'intention de Sa Majeſté étant qu'ils ne commandent aux
habitans que dans les Places de guerre ſeulement.

5.

S'IL ſe trouvoit dans le même diſtrict ou dans la
même place pluſieurs Officiers généraux ou Brigadiers,
employés, le commandement appartiendroit à l'Officier
général ſupérieur ou plus ancien en grade, de manière
cependant que ſi un Brigadier devoit avoir le commandement, celui d'Infanterie eut la préférence ſur celui de
Cavalerie ou de Dragons, & le Commandant de ladite
place ne rendra compte qu'à l'Officier général ou au
Brigadier qui aura le commandement.

6.

LORSQUE les Généraux d'armées ayant en même
temps pouvoir de commander ſur la frontière, enverront
un des Officiers généraux employés ſous leurs ordres,
dans une place de cette frontière qui ſeroit menacée de
ſiége, avec un ordre par écrit pour y commander, ledit

Officier général commandera dans ladite place comme s'il avoit un ordre de Sa Majesté à cet effet; & le Gouverneur, Commandant ou Lieutenant de Roi de ladite place sera tenu de se conformer à ses ordres, à peine de désobéissance : Sa Majesté autorisant, dans ces circonstances, lesdits Généraux d'armée à étendre ou à restreindre le pouvoir qu'ils donneront auxdits Officiers généraux, suivant qu'ils le jugeront convenable au bien de son service.

7.

LES Inspecteurs généraux d'Infanterie, de Cavalerie & de Dragons étant dans les places, avec un ordre pour faire l'inspection des Troupes de la garnison, y jouiront, pendant le temps que durera leur inspection, des honneurs attachés à leur grade, quoiqu'ils n'aient point de lettres de service, & donneront le mot s'ils s'y trouvent les premiers ou les plus anciens en grade; à la réserve cependant du cas où ils se trouveroient dans une même place avec le Commandant en chef de la province, mais lesdits Inspecteurs ne pourront prétendre aucun commandement dans les places ni sur les Troupes; & lorsqu'ils voudront faire prendre les armes aux Troupes pour en faire la revue, ils seront tenus d'en avertir le Commandant de la place, qui ne pourra s'y opposer sans des raisons dont il rendra compte sur le champ au Secrétaire d'État ayant le département de la guerre, & au Commandant en chef de la province.

8.

LES Gouverneurs des places y commanderont sous l'autorité des Gouverneurs & Lieutenans généraux, ou du Commandant de la province.

Ils ordonneront aux habitans du gouvernement, même à ceux des villes & villages, s'il y en a qui en dépendent, & aux gens de guerre qui y seront, ce qu'ils devront faire pour le service de Sa Majesté; & ils tiendront la main à la tranquillité parmi les habitans, à la discipline des Troupes, à l'exactitude dans le service, à la

subordination

fubordination & aux exercices, en fe conformant néanmoins, à l'égard des Officiers généraux, à ce qui leur
eft prefcrit par l'*article 4*.

9.

LES Commandans particuliers que Sa Majefté jugera
à propos d'établir dans les places, reconnoîtront l'autorité
du Commandant en chef de la province, en fe conformant
auffi, à l'égard des Officiers généraux employés, à ce qui
eft prefcrit par l'*article 4*.

1O.

LES Officiers généraux ou Brigadiers employés, & les
Gouverneurs ou Commandans des places, ne pourront
entreprendre fur les droits de la juftice ordinaire, ni même
s'entremettre dans les matières contentieufes; devant fe
contenter de prêter main-forte aux Juges des lieux quand
ils en feront requis, & de préfider aux Confeils de guerre
(à l'exception de ceux tenus par les corps qui ont leur
juftice particulière) pour connoître de tous les crimes
commis entre les gens de guerre : voulant Sa Majefté que
les habitans foient toujours renvoyés devant le Juge
ordinaire; à la réferve des cas de trahifon ou autres qui
pourroient regarder la fûreté de la place ou du pays, dans
lefquels cas les habitans qui y feront intéreffés, devront
être jugés au Confeil de guerre.

11.

EN l'abfence des Gouverneurs ou Commandans des
places, les Lieutenans de Roi y auront la même autorité
qu'eux.

12.

LES Majors des places y commanderont au défaut
& en l'abfence des Gouverneurs, Commandans & Lieutenans de Roi.

13.

LORSQU'IL ne fe trouvera pas dans une place de
guerre, d'Officier pourvu d'un pouvoir de Sa Majefté
pour y commander, le commandement appartiendra à

l'Officier des Troupes françoises de la garnison, soit d'Infanterie, de Gendarmerie, de Cavalerie ou de Dragons, qui aura le grade supérieur; & à grade égal, à l'Officier d'Infanterie du plus ancien régiment françois, quand même il se trouveroit seul avec sa compagnie ou un détachement; & ce, par préférence à tous les Officiers des régimens de nation étrangère, même d'un grade supérieur à celui de l'Officier françois, & en attendant qu'il ait été établi un Commandant, par Sa Majesté, ou par les Généraux de ses armées.

14.

LES Officiers généraux & les Brigadiers qui n'auront point de lettres de service, n'auront aucun commandement à prétendre en cette qualité.

15.

IL en sera de même des Officiers qui auront obtenu des commissions de Colonel, de Meſtre-de-camp, de Lieutenant-colonel, de Major & de Capitaine, lesquels ne pourront faire de service dans les places que suivant le grade des emplois dont ils seront pourvus dans les Troupes, ni prétendre d'autre rang pour y commander; à la réserve cependant des Aides-majors des régimens qui auroient obtenu la commission de Capitaine, lesquels rouleront avec les Capitaines en pied, suivant l'ancienneté de leur commission de Capitaine.

16.

QUANT à tous ceux qui auront des commissions de Colonel, Meſtre-de-camp, Lieutenant-colonel, Major, Capitaine, Lieutenant ou Sous-lieutenant, sans être attachés à aucune Troupe, & à tous les Officiers réformés à la suite des places, ils ne pourront faire aucun service dans lesdites places, ni prétendre aucun rang pour y commander.

17.

LES Aides-majors des places, auxquels Sa Majesté

n'aura pas fait expédier d'ordre pour commander en l'abſence du Major ou autres Officiers ſupérieurs, n'y commanderont qu'après tous les Capitaines & avant tous les Lieutenans, à moins qu'ils n'aient obtenu, pendant le temps de leur ſervice dans les Troupes, la commiſſion de Capitaine; auquel cas, ils rouleroient avec les autres Capitaines pour le commandement, ſuivant l'ancienneté de leur commiſſion.

18.

Tous les Capitaines des portes, pourvus par Sa Majeſté, feront à l'avenir, connus ſous la dénomination de Sous-aides-majors des places; ils continueront d'être chargés de l'ouverture & de la fermeture des portes; ils aideront les Aides-majors des places dans leurs fonctions, & ils commanderont après tous les Lieutenans & avant tous les Sous-lieutenans.

19.

L'ordre établi pour le ſervice des places ſera ponc-tuellement ſuivi, excepté dans les cas de guerre & de ſiége, ainſi qu'il eſt preſcrit par les *articles 3 & 4 du Titre* 8. Les Commandans des provinces, dans des cas urgens & de néceſſité, auront ſeuls l'autorité d'y faire les changemens que les circonſtances exigeront; bien entendu qu'ils en rendront compte, ſur le champ, au Secrétaire d'État ayant le département de la guerre, pour prendre les ordres de Sa Majeſté.

20.

Tous les Officiers des Troupes de Sa Majeſté, de quelque grade qu'ils puiſſent être, & ceux étant ſous leurs ordres; comme auſſi les Officiers d'artillerie, les Ingé-nieurs, & généralement tous autres militaires, reconnoîtront les Officiers généraux, dans le diſtrict deſquels ils ſe trouveront, les Gouverneurs, Commandans, Lieutenans de Roi, & autres Officiers de l'État-major des places où ils feront, ſoit en garniſon, ſoit en y paſſant avec leurs troupes; & feront tenus de leur obéir en ce qui concernera leurs fonctions, telles qu'elles font détaillées. Entendant cependant Sa Majefté que les ordres qu'Elle jugera à propos de donner aux Ingénieurs, foient adreffés aux chefs du corps des Ingénieurs, par le Secrétaire d'État ayant le département de la guerre, auquel feul ils rendront compte de l'exécution des ordres qu'ils auront reçus.

21.

LORSQUE les Troupes fe trouveront dans des quartiers, villes, ou lieux où il n'y aura pas d'État-major, on fe conformera, pour le commandement & le détail du fervice, à ce qui eft prefcrit au *Titre* 33.

TITRE 2.

Du fervice des Officiers généraux employés, & des États-majors.

ARTICLE PREMIER.

EN vertu des pouvoirs accordés par le *Titre* 1.er aux Officiers généraux employés, ils veilleront fpécialement à la police, difcipline, fubordination, tenue & aux exercices des Troupes qui feront dans le diftrict de leur commandement.

Ils tiendront la main à ce que le fervice fe faffe dans les places, en temps de paix, avec la même exactitude qu'à la guerre & dans les camps.

Ils exécuteront & feront exécuter avec le plus grand foin ce qui eft prefcrit par la préfente Ordonnance.

Ils rendront compte de tous ces objets au Secrétaire d'État ayant le département de la guerre, & au Commandant en chef de la province.

2.

LES Gouverneurs ou Commandans des places, tiendront la main, fubordonnément aux Officiers généraux employés, à tout ce qui eft prefcrit par *l'article* 1.er

Ils

Ils prêteront main-forte pour l'exécution des décrets de la justice toutes les fois qu'ils en seront requis.

Ils veilleront à ce que tous les Officiers, Soldats, Cavaliers ou Dragons, qui seront dans les hôpitaux, y vivent en bon ordre, conformément aux ordonnances rendues pour lesdits hôpitaux.

Ils soutiendront les Employés des fermes dans leurs fonctions, & leur donneront un Officier - major de la place pour les accompagner lorsqu'ils voudront faire leurs visites dans les casernes ou autres logemens des Soldats.

Ils ne pourront s'absenter que conformément à ce qui est réglé par les *articles 11 & 12 du présent Titre.*

3.

LES Officiers - majors des places ne feront entr'eux aucun arrangement qui puisse nuire à la célérité & à l'exactitude du service; & pour cet effet, dans les places où il n'y aura qu'un Officier de chaque grade, un d'eux ne pourra jamais être chargé par mois ni par semaine des fonctions auxquelles ils doivent tous également contribuer, chacun pour ce qui le concerne.

4.

A l'égard des places plus considérables où il y aura plusieurs Aides-major & Sous-aides-major, le Commandant distribuera entr'eux, le plus également qu'il sera possible, le soin de l'ouverture & de la fermeture des portes, & tous les détails du service.

5.

IL partagera pareillement entr'eux les différens quartiers de la ville, afin que chacun d'eux, prenant une connoissance particulière de la partie qui lui sera assignée, y veille plus efficacement à la police, au bon ordre & à la régularité des gardes qui s'y trouveront.

Service des places. . C

6.

UN des Aides-major fera alternativement de femaine pour remplacer le Major dans toutes les fonctions auxquelles il ne pourra vaquer, ce qui ne difpenfera pas cet Aide-major du foin de la police du quartier qui lui aura été affecté.

7.

LES Aides-major & Sous-aides-major fe trouveront tous les matins chez le Major de la place, pour l'informer de ce qui fe fera paffé pendant la nuit dans leur quartier, ou le matin à l'ouverture des portes, & pour recevoir fes ordres.

8.

LE Major fe rendra enfuite chez le Commandant de la place, & lui rendra les mêmes comptes, & en même-temps celui des rondes & des patrouilles qui auront été faites pendant la nuit.

9.

LE Commandant de la place fe rendra chez l'Officier général, dans le département duquel fera comprife ladite place, pour lui rendre les mêmes comptes & recevoir fes ordres, fi ledit Officier général réfide dans la place : s'il n'y réfide pas, le Commandant lui rendra compte, par écrit, le premier jour de chaque mois, de tout ce qui fe fera paffé dans la place pendant le mois précédent, concernant le fervice, la difcipline & les exercices des Troupes qui y feront en garnifon ; bien entendu cependant qu'il l'informera fur le champ des évènemens extraordinaires qui l'exigeront.

I O.

TOUTES les fois que les Officiers de l'État-major des places fe mettront à la tête d'une troupe, foit pour la conduire ou pour lui faire quelques commandemens, ils feront tenus d'avoir l'épée à la main.

I I.

LE S Gouverneurs des places fujets à réfidence, &
les Commandans des villes, citadelles & châteaux, ne
pourront s'en abfenter pour plus de quatre jours, fans
un congé figné de Sa Majefté, & contre-figné du Secrétaire d'État ayant le département de la guerre; lequel
congé leur fera accordé fur la demande qui en fera faite
audit Secrétaire d'État par le Commandant en chef de
la province.

I 2.

LESDITS Gouverneurs & Commandans des places
ne pourront même s'en abfenter pour un jour en quelque cas que ce puiffe être, fi le Lieutenant de Roi ou
le Major de la place n'y eft préfent, & en état de commander en leur abfence.

I 3.

LES autres Officiers de l'État-major des places feront
affujettis aux mêmes règles pour faire autorifer leur
abfence, & feront de plus obligés de demander la
permiffion au Commandant de la place.

TITRE 3.

De l'arrivée des Troupes dans les Places.

ARTICLE PREMIER.

LORSQU'UN régiment d'Infanterie, de Cavalerie ou
de Dragons, devra arriver dans une place pour y tenir
garnifon, un Aide-major, le Quartier-maître & tous les
Fourriers, partiront à l'avance du dernier logement pour
s'y rendre.

2.

EN arrivant, l'Aide-major ira prendre les ordres du
Commandant de la place pour l'établiffement du régiment dans ladite place.

3.

APRÈS avoir pris les ordres du Commandant, si le régiment doit être logé chez les habitans, l'Aide-major préviendra les Officiers municipaux de l'arrivée du régiment.

4.

LE Quartier-maître remettra en même temps auxdits Officiers municipaux un état du nombre des Officiers, bas Officiers, Soldats, Cavaliers ou Dragons du régiment en leur présentant la route, au dos de laquelle devra être transcrit l'extrait de revue du Commissaire des guerres pour régler le logement.

5.

SI le régiment doit être caserné, il occupera le quartier du régiment ou de la troupe qu'il relèvera.

6.

SI cependant il y a dans la place plusieurs quartiers vides, il pourra choisir celui qui lui conviendra le mieux, eu égard au nombre de bataillons ou d'escadrons dont il sera composé; & quand il y sera établi, il n'en pourra être déplacé à l'occasion de l'arrivée d'un autre régiment, que dans le cas où il seroit nécessaire de resserrer le logement pour lui faire place.

7.

SI plusieurs régimens arrivent ensemble dans une même place, ils tireront au sort le quartier que chacun d'eux devra occuper, eu égard au nombre de bataillons ou d'escadrons dont ils seront composés, sans que le plus ancien puisse prétendre de choisir ; les régimens des Colonels généraux de la Cavalerie & des Dragons seulement devant avoir cette préférence sur les régimens des mêmes corps.

8.

QUAND les Troupes devront être logées dans les casernes ou pavillons, le Quartier-maître ou autre Officier-

major

major ira avec le Major de la place, le Commiſſaire des guerres & un Ingénieur, faire la viſite deſdites caſernes & pavillons, & voir s'il n'y manque rien; ſi les portes, fenêtres, vitres, ſerrures, bancs, tablettes au pain & autres uſtenſiles ſervans auxdits pavillons & caſernes, & appartenans au Roi, ſont en bon état; & il ſera dreſſé du tout, par le Commiſſaire des guerres, un procès-verbal, dont chacun d'eux gardera une copie, ſignée de tous quatre, pour être repréſenté lors du départ du régiment: il en ſera fait une cinquième copie, qui ſera remiſe au Commiſſaire des guerres, pour l'envoyer à l'Intendant de la province.

9.

PENDANT que le Quartier-maître s'occupera de l'établiſſement de la troupe, l'Aide-major ira au devant du régiment pour porter à l'Officier qui le commandera, les ordres qu'il aura reçus du Commandant de la place.

1 O.

LE régiment étant arrivé près de la place, ſe mettra en bataille au pied du glacis; & pendant cette halte, on fera rajuſter les parties de l'armement, de l'habillement & de l'équipement.

1 1.

SI les Troupes doivent être fouillées par les commis des Fermes, on fera pendant cette halte, ouvrir les rangs & poſer les armes à terre, chaque bas Officier & Soldat ayant ſon havreſac devant lui; alors trois commis des Fermes paſſeront en même temps un devant chaque rang, accompagnés d'un Officier-major du régiment, & viſiteront ſucceſſivement les havreſacs & même les habits s'ils ſoupçonnent que les Soldats aient de la contre-bande ſur eux; & les Officiers feront arrêter ceux dans les habits & équipages deſquels il s'en ſera trouvé.

Il en ſera uſé de même à l'égard des Troupes de Cavalerie ou de Dragons, en obſervant de faire mettre les Cavaliers & les Dragons, pied à terre à la tête des chevaux; chaque Cavalier ou Dragon ayant son porte-manteau devant lui.

Les Valets & équipages des Troupes, seront visités de même par les Employés des Fermes, en présence d'un Officier-major.

12.

LORSQUE le régiment sera prêt à entrer dans la place, le Major ou un Aide-major de ladite place qui se trouvera à la première barrière pour le recevoir, se mettra à sa tête & le conduira sur la place d'armes.

13.

LA Troupe marchera dans le plus grand ordre, les Officiers étant à pied, le fusil à la main, les Tambours battant *aux champs*, & les Soldats portant les armes.

Les Troupes de Cavalerie & de Dragons, marcheront de même, ayant le sabre à la main, les Timbaliers, les Trompettes & les Tambours battant ou sonnant *la marche*.

14.

AUCUNE femme de Soldat, ni aucuns Valets, chariots & chevaux d'équipage, ne se mêleront avec la Troupe lorsqu'elle entrera dans la place; on aura l'attention de les faire marcher tous ensemble, à cent pas derrière elle.

15.

LA Troupe arrivée sur la place d'armes, s'y mettra en bataille, faisant face au corps-de-garde autant que cela se pourra.

16.

LE Commandant de la place sera tenu de se trouver à l'arrivée de ladite troupe sur la place d'armes.

17.

LORSQUE le régiment sera en bataille, le Commandant de la place ordonnera de battre un ban & de faire les défenses portées au *Titre* 4.

18.

LES bans étant publiés, on tirera les gardes, si la Troupe est indispensablement obligée d'en fournir ce jour-là.

19.

A l'égard des régimens de Cavalerie & de Dragons, ils ne fourniront de garde à cheval le jour de leur arrivée dans une place, que dans un cas de guerre ou dans des circonstances extraordinaires; & s'ils doivent fournir des gardes à pied, elles ne seront tirées que lorsque la troupe aura été établie dans ses logemens, & les chevaux dans les écuries.

20.

TOUS ces objets remplis, le Commandant de la place ordonnera de faire entrer le régiment dans ses quartiers ou logemens.

21.

ALORS on enverra, dans l'ordre prescrit par les Ordonnances de l'Exercice, les drapeaux, étendards ou guidons, au logement du Commandant du régiment; & le régiment défilera ensuite par compagnie, devant le Commandant de la place, & se rendra à son quartier ou à ses logemens.

22.

LE Quartier-maître & les Fourriers se trouveront sur la place d'armes au moment que le régiment s'y mettra en bataille, pour distribuer les billets de logement & y conduire les Troupes.

23.

LE Major de la Troupe remettra en arrivant, & ensuite tous les mois, au Commandant de la place, un état exact de la force effective dudit régiment, compagnie par compagnie, avec le nombre, le nom & les grades des Officiers présens, & de même ceux des Officiers absens, les raisons de leur absence & le lieu où ils seront.

24.

Le Major d'un régiment de Cavalerie ou de Dragons, comprendra fur cet état le nombre de chevaux de chaque compagnie qui feront préfens, & celui des chevaux éclopés qui feront reftés en arrière, avec le nom des Officiers, bas Officiers, Cavaliers ou Dragons qu'on aura laiffés avec eux pour en prendre foin.

25.

Le Commandant de la place enverra un double dudit contrôle au Commandant de la province, qu'il inftruira dans la fuite du retour des Officiers abfens, & du départ de ceux qui s'abfenteront.

26.

Tous les détachemens qui arriveront dans des places pour y tenir garnifon, fe conformeront à ce qui eft réglé par les articles précédens pour l'entrée des régimens dans lefdites places.

TITRE 4.

Des Bans qui doivent être battus à la tête des Troupes.

ARTICLE PREMIER.

A l'arrivée d'une Troupe dans une place, foit pour y tenir garnifon ou y paffer feulement, le Commiffaire des guerres ou à fon défaut celui que le Commandant de la place prépofera à cet effet, publiera à la tête de ladite troupe, un ban pour défendre, fous les peines portées par les Ordonnances, à tous Soldats, Cavaliers & Dragons de s'éloigner de la place au-delà des limites qui leur feront indiquées, de mettre le fabre ou la baïonnette à la main dans la place ou hors de la place, d'y commettre aucun

vol

vol ou défordre dans les maifons, jardins & autres lieux des environs.

Dans les places où les Troupes ne devront pas être cafernées, il fera défendu de s'établir en d'autres logemens que ceux portés par leurs billets, fous peine de quinze jours de prifon, & de rien exiger de leur hôte qu'un lit garni pour deux, place au feu & à la chandelle.

2.

IL fera pareillement défendu aux Officiers de changer leur logement fans permiffion, & de rien exiger de leur hôte au-delà de ce qui fera prefcrit; & ils feront refponfables des dommages ou des défordres caufés par les Soldats, Cavaliers ou Dragons de leurs compagnies, quand, par négligence ou par tolérance, ils les auront foufferts.

3.

LE Commandant de la place fera ajouter à ces défenfes celles qu'il jugera néceffaires, relativement aux circonftances & au fervice particulier de la place.

4.

IL fera dreffé & publié un autre ban, par les foins du Commiffaire des guerres, portant injonction aux habitans, qu'en cas de contravention aux défenfes fufdites, ils aient à le venir déclarer incontinent, & porter leur plainte d'abord au Commandant de la troupe, & enfuite, en cas de refus de juftice de fa part, au Commandant de la place, pour en être fait juftice fur le champ; faute de quoi il en fera dreffé, par les Officiers municipaux, un procès-verbal, que le premier d'entre eux fera tenu d'envoyer au Secrétaire d'État ayant le département de la guerre & à l'Intendant de la généralité, à peine auxdits Officiers municipaux, de répondre des dommages que les particuliers auront foufferts impunément.

5.

LES peines attachées à chaque délit, feront toujours fpécifiées dans la publication des bans.

Service des places.   . E

6.

Les Commissaires des guerres tiendront la main à ce que les Officiers municipaux donnent connoissance aux habitans, des défenses qui auront été faites, afin qu'aucun n'en prétende cause d'ignorance.

TITRE 5.

Du Logement.

ARTICLE PREMIER.

Toutes les Troupes d'Infanterie, de Cavalerie, de Dragons ou autres, qui auront reçu des ordres de Sa Majesté, pour loger dans quelques bourgs, villages, places frontières ou villes de l'intérieur du royaume, soit qu'elles n'y fassent que passer, ou qu'elles doivent y rester en garnison, seront logées dans les pavillons ou casernes, s'il y en a, soit que lesdits pavillons ou casernes appartiennent à Sa Majesté, ou qu'ils aient été faits aux frais des villes & communautés : l'intention de Sa Majesté étant qu'aucun Officier, bas Officier, Soldat, Cavalier ou Dragon ne puisse être logé chez l'habitant, qu'après que toutes les chambres desdits bâtimens, destinées à chaque grade, auront été remplies.

Défend à cet effet, Sa Majesté, d'employer lesdits pavillons ou casernes à d'autres usages qu'à ceux de leur destination, & qu'il n'y soit logé personne que ses troupes : enjoignant Sa Majesté aux Gouverneurs & Lieutenans généraux de ses provinces, & à ceux qui y commanderont en leur absence, d'y tenir exactement la main, & aux Ingénieurs d'informer sur le champ le Secrétaire d'Etat ayant le département de la guerre, des abus qui pourroient se commettre à cet égard.

2.

Dans tous les lieux où il n'y aura ni pavillons, ni

caſernes, ou lorſque leſdits pavillons ou caſernes feront occupés par les Troupes de la garniſon, les Troupes arrivantes feront logées chez les habitans, nonobſtant tous priviléges, conceſſions & ordonnances à ce contraires, en quelque province ou pays qu'ils aient eu lieu juſqu'à ce jour; Sa Majeſté les annullant & révoquant par la préſente, pour le fait du logement feulement.

3.

DANS toutes les villes du royaume, fans exception, & dans les bourgs & villages fujets aux logemens des Troupes, les Maire & Échevins ou chefs des communautés, feront (ſi fait n'a été) numéroter toutes les maiſons fans réſerve; de manière qu'en commençant par le numéro 1.er dans un quartier quelconque deſdites villes, bourgs ou villages, la maiſon de la droite foit marquée du nombre 1.er; celle enſuite, de celui de 2 ; la troiſième, du nombre 3, & ainſi des autres en ſuivant de rue en rue : & dans le cas où l'on bâtira de nouvelles maiſons dans les emplacemens vides, on les marquera du même numéro que la maiſon précédente avec le mot *Bis* : Enjoignant Sa Majeſté aux Intendans des provinces, d'y tenir exactement la main.

4.

POUR prévenir à l'avenir les conteſtations qui pourroient s'élever à l'égard des logemens, entre les Troupes & les habitans des places ou quartiers, auſſitôt la préſente Ordonnance reçue, le Commandant & le Major de la place, le Commiſſaire des guerres, le Maire ou principal Officier municipal de la ville, feront une viſite exacte des maiſons fujettes au logement, & feront marquer à la porte, ſur un écriteau de fer-blanc, le grade de ceux qu'ils auront jugé pouvoir y loger convenablement; & pareillement dans l'intérieur de chaque maiſon, les portes des chambres deſtinées au logement: les propriétaires ou principaux locataires deſdites maiſons, ne pourront ôter leſdits écriteaux, ni les changer, fous peine de cinq cents livres d'amende, applicable à l'hôpital du lieu, ſur les ordonnances des Intendans des provinces ; & de plus forte punition en cas de récidive : les Gouverneurs & Lieutenans généraux des provinces, & en leur abfence, les Commandans dans lefdites provinces, & les Intendans en icelles, tiendront la main, chacun en ce qui les concerne, à l'exécution du préfent article.

Dans les lieux où il n'y aura point d'État-major ni de Commiffaires des guerres, ce qui leur eft prefcrit par cet article, fera exécuté par un des premiers Officiers de la principale juridiction de l'endroit.

5.

LES Commandans & les Majors des places, en affiftant à la vifite prefcrite par *l'article 4*, ne décideront en aucune manière fur les logemens ; devant fe borner dans cette vifite, à examiner fi les logemens qu'on marque à un Officier, bas Officier, ou aux Soldats, Cavaliers ou Dragons, font convenables au grade des Officiers, & au nombre des bas Officiers, Soldats, Cavaliers ou Dragons qui doivent les occuper.

6.

APRÈS cette vifite, il fera dreffé par le Commiffaire des guerres, un état général de logement, divifé en huit claffes, contenant chacune les logemens propres à être occupés par ceux qui y font défignés, favoir :

Les Lieutenans généraux dans la première claffe.

Les Maréchaux-de-camp dans la feconde.

Les Brigadiers, Colonels ou Meftres-de-camp dans la troifième.

Les Lieutenans-colonels & les Majors dans la quatrième.

Les Capitaines, les Aides-majors, les Officiers ou Quartiers-maîtres chargés de la caiffe, & les Chirurgiens-majors dans la cinquième.

Les Lieutenans, Sous-aides-majors, Sous-lieutenans, Porte-drapeaux, Porte-étendards, Porte-guidons, les Quartiers-maîtres qui ne feront point chargés de la caiffe, & les Aumôniers dans la fixième.

Les

Les Fourriers, Sergens, Maréchaux-des-logis & Tambours-majors dans la feptième.

Et les Caporaux, Brigadiers, Soldats, Cavaliers, Dragons, Tambours, Timbaliers & Trompettes dans la huitième.

Il fera marqué fur cet état le nombre & l'efpèce des chambres deftinées, dans chaque maifon, au logement des Troupes; il en fera fait fix copies, fignées chacune par le Commandant, le Major de la place, le Commiffaire des guerres & le Maire ou principal Officier municipal de la ville, lefquels en garderont chacun une, pour y avoir recours en cas de plainte, foit de la part des Troupes, foit de la part des habitans.

La cinquième expédition fera dépofée à l'Hôtel-de-ville pour fervir à faire l'affiette des logemens, & la fixième fera remife ou envoyée par le Commiffaire des guerres, à l'Intendant de la province.

7.

LES Officiers municipaux feront part au Commiffaire des guerres, des variations qui pourront arriver par le changement des habitans, afin qu'il en faffe note fur l'état qui reftera entre fes mains.

8.

LES Commiffaires des guerres & les Officiers muni-cipaux qui marqueront les logemens deftinés pour chaque claffe, ordonneront que lefdits logemens foient mis & maintenus dans l'état convenable.

9.

LORSQU'EN exécution de l'ordonnance du 5 juillet 1765, les villes voudront convertir le logement en argent, les Officiers généraux employés, & les autres Officiers de tout grade, feront tenus de fe loger au moyen des fommes fixées par ladite ordonnance.

10.

QUAND les villes ne voudront pas convertir le loge-ment en argent, ou que les Officiers généraux employés, ou autres marcheront avec des divisions de Troupes, il leur sera fourni des logemens désignés pour leur classe, tels qu'ils sont prescrits ci-après.

11.

LE logement d'un Lieutenant général, sera de quatre grandes chambres garnies & un cabinet, tant pour lui que pour ses deux Aides-de-camp, une chambre garnie pour son Secrétaire, une cuisine, des chambres & lits suffisans pour coucher ses domestiques de deux en deux, & les écuries nécessaires pour le nombre de chevaux permis à son grade.

12.

LE logement d'un Maréchal-de-camp sera de trois grandes chambres garnies & un cabinet, tant pour lui que pour son Aide-de-camp, une cuisine, des chambres & des lits suffisans pour coucher ses domestiques de deux en deux, & les écuries nécessaires pour le nombre de chevaux fixé à son grade.

Il sera de plus fourni à chaque Maréchal-de-camp, qui sera en même temps Inspecteur, une chambre garnie avec un lit pour son Secrétaire.

13.

LE logement de chaque Colonel ou Mestre-de-camp & Lieutenant-colonel, Brigadiers, sera de trois chambres garnies, une cuisine, & des chambres & lits suffisans pour coucher ses domestiques de deux en deux, & des écuries nécessaires pour le nombre de chevaux fixés à leur grade.

14.

LE logement de chaque Colonel ou Mestre-de-camp qui ne seront pas Brigadiers, sera le même que celui des Brigadiers; il ne leur sera fourni des écuries que pour le nombre de chevaux fixés à leur grade.

15.

LE logement de chaque Lieutenant-colonel ou Major, consistera en deux chambres garnies, une cuisine, & des chambres & lits suffisans pour coucher leurs domestiques,

& des écuries néceſſaires pour le nombre de chevaux accordé à leur grade.

16.

Les uſtenſiles de cuiſine ſeront fournis par les hôtes aux Officiers généraux conduiſant des diviſions, & aux Officiers ſupérieurs qui marcheront avec leur régiment; mais dans les lieux de réſidence, garniſons ou quartiers, les Officiers généraux & ſupérieurs s'en pourvoiront à leurs dépens; & en aucun cas les hôtes ne fourniront le bois ni le linge de table.

17.

Il ſera donné à chaque Capitaine, une chambre avec un lit, & une autre chambre avec un lit pour ſon valet.

18.

Il ſera donné aux Lieutenans, Sous-lieutenans, Porte-drapeaux, Porte-étendards, Porte-guidons, une chambre à deux lits pour deux, & un cabinet avec un lit pour leurs valets; les Commandans des régimens tiendront la main à ce que les Officiers de la même compagnie ſoient logés le plus à portée de leur Troupe qu'il ſera poſſible; & le Lieutenant & le Sous-lieutenant enſemble autant que cela ſe pourra.

19.

Les Aides-majors & les Sous-aides-majors ſeront logés ſeuls, chacun dans une chambre, ainſi que le Quartier-maître ou tout autre Officier chargé du détail de la caiſſe du régiment.

20.

Il ſera de plus fourni aux Officiers d'Infanterie, en temps de guerre ſeulement; & aux Officiers de Cavalerie, de Dragons ou de Troupes-légères, ſoit en temps de paix, ſoit en temps de guerre, des écuries pour le nombre de chevaux réglé, dans l'un ou l'autre cas, pour chaque grade.

21.

Lorsqu'il n'y aura pas d'écuries en nombre ſuffiſant

chez le Bourgeois, les chevaux pourront être mis dans les écuries des casernes destinées à la Cavalerie, qui se trouveront vacantes ; bien entendu qu'on mettra dans chaque écurie autant de chevaux qu'elle pourra en contenir, à raison de trois pieds pour chaque cheval.

2 2.

Il sera donné à chaque Ingénieur ordinaire du Roi, lorsque son logement ne sera pas fixé en argent, une chambre bien claire pour la facilité de son travail, avec un cabinet autant qu'il sera possible, & une autre chambre avec un lit pour son valet.

2 3.

Les habitans des places, qui auront des Officiers logés chez eux, fourniront à chaque Capitaine, Lieutenant ou Sous-lieutenant, & autres Officiers subalternes, un lit garni d'une housse entière, d'une paillasse, deux matelas ou un seul avec un lit de plume, un traversin, deux couvertures de laine l'hiver & une l'été, des draps tous les quinze jours en été, & de trois semaines en trois semaines pendant l'hiver, une table, trois chaises, une armoire ou commode fermant à clef, un porte-manteau pour pendre les habits, un pot-à-l'eau & un plat, deux serviettes par semaine, & en outre, un lit de valet composé d'une paillasse, un matelas, un traversin, une couverture de laine, & des draps tous les mois.

2 4.

Lesdits habitans fourniront pour les Fourriers, Sergens ou Maréchaux-des-logis, Soldats, Cavaliers ou Dragons, un lit pour deux, garni d'une paillasse remplie de paille, d'un matelats ou bien d'un lit de plume, suivant les facultés, une couverture de laine, un traversin, des draps tous les vingt jours, deux chaises ou un banc, une table, & place au feu & à la chandelle.

Les Fourriers, Sergens ou Maréchaux-des-logis, ne coucheront dans aucun cas avec les Soldats, Cavaliers ou Dragons.

25.

LES Troupes devant faire ordinaire par chambrée, les hôtes qui logeront les Soldats, Cavaliers ou Dragons de chaque chambrée, lorsque la troupe sera en garnison, feront tenus de supporter alternativement l'embarras de l'ordinaire de ladite chambrée, sans être obligés de fournir les uftenfiles de cuifine; mais quand la troupe ne fera que paffer, les hôtes fourniront, indépendamment de la place au feu & à la chandelle, aux Officiers des compagnies, aux bas Officiers, Soldats, Cavaliers & Dragons, les pots, plats, affiettes & autres uftenfiles de cuifine.

26.

LE logement & les fournitures de lits fixés pour les valets des Officiers, fera augmenté en temps de guerre, lorfque lefdits Officiers feront tenus d'avoir des équi-pages, à raifon de cinq valets pour un Capitaine de Cavalerie & de Dragons, de quatre pour un Capitaine d'Infanterie, de trois pour un Lieutenant ou Sous-lieu-tenant de Cavalerie ou de Dragons, & de deux pour un Lieutenant ou Sous-lieutenant d'Infanterie.

27.

EN aucun cas, les hôtes ne pourront être délogés de la chambre & du lit où ils auront coutume de coucher, fans néanmoins qu'ils puiffent, fous ce prétexte, fe fouftraire à la charge du logement fuivant leurs facultés.

28.

LORSQUE les Troupes devront loger dans les pavillons & cafernes, le Commiffaire des guerres, le Quartier-maître & l'Entrepreneur fe rendront dans les magafins deftinés à contenir les fournitures, pour examiner l'état & la qualité defdites fournitures; & après que leur qualité aura été conftatée par un état dont chacun d'eux gardera une copie fignée de tous trois, l'Officier-major ou le Quartier-maître y fera prendre par les Soldats, Cavaliers ou Dragons qu'il aura menés avec lui celles qui feront néceffaires, dont il donnera fon reçu audit Entrepreneur.

29.

LES Officiers qui feront logés aux pavillons, donneront pareillement à l'Entrepreneur ou à fon Commis, une reconnoiffance des meubles, fournitures & uftenfiles qui leur auront été livrés.

30.

ON ne pourra fe fervir de ces fournitures que dans les chambres & quartiers affignés aux Troupes, & pour le feul ufage des compagnies.

31.

LORSQUE les Troupes devront loger chez les habitans, tous les Officiers feront tenus de donner à leurs hôtes des reçus de toutes les fournitures qui auront été faites, tant pour eux que pour les bas Officiers, Soldats, Cavaliers ou Dragons de leur compagnie, ainfi que pour leurs valets, afin que, lors du départ du régiment, lefdits reçus puiffent conftater les dédommagemens qui devront être payés pour tout ce qui aura été perdu ou détruit.

32.

TOUS les gens de guerre, de quelque grade qu'ils foient, ne pourront rien exiger de leur hôte, au-delà de ce qui eft réglé ci-deffus.

33.

LORSQUE le régiment devra être logé chez le bourgeois, les Maire & Échevins fe rendront à l'Hôtel-de-ville, pour procéder en diligence à la répartition du logement, en conformité de la revue de route qui leur aura été préfentée par l'Officier-major ou le Quartier-maître qui fera venu au logement.

34.

LES Officiers municipaux feront le logement de la Troupe avec le Commiffaire des guerres qui devra en

avoir la police; & fi le Commiffaire eft abfent, ils le
feront feuls & lui en remettront à fon retour un contrôle
figné d'eux.

35.

LES Officiers qui auront été envoyés à l'avance au
logement, ne pourront fe mêler en aucune manière de
l'affiette du logement ni avoir aucune préférence à cet
égard.

36.

DANS les lieux où les Troupes devront tenir garnifon,
le logement fera toujours fait fur le pied complet pour
toutes les compagnies, & les billets excédant l'effectif,
feront réfervés à l'Hôtel-de-ville par paquets féparés, afin
que lorfqu'il arrivera des Officiers, bas Officiers, Soldats,
Cavaliers ou Dragons, après l'affiette du logement, il
leur foit donné des billets dans le quartier de leur
compagnie.

37.

LES Officiers municipaux répartiront alternativement
& avec égalité, le logement fur tous les habitans qui y
feront fujets ; de façon qu'aucun ne puiffe loger deux fois,
avant que tous les autres aient logé une fois.

38.

ILS obferveront dans cette répartition, de placer les
Cavaliers & les Dragons chez les habitans les plus aifés
& le plus en état de fupporter à la fois le double logement des hommes & des chevaux, fauf à ceux qui
n'auront point d'écuries, à s'arranger à l'avance pour
en retenir à portée, dont ils donneront la déclaration aux
Officiers municipaux.

39.

LES Officiers municipaux expédieront enfuite les
billets de logement fuivant l'ordre des claffes établi par
l'article 6.

40.

LES billets de logement de chaque claffe, feront

imprimés à l'avance fur de grandes feuilles, divifibles en autant de coupons qu'il y aura de billets ; de manière que quand on voudra affeoir le logement d'une troupe, il n'y ait qu'à raffembler la quantité de coupons de chaque claffe fuivant le nombre de gens de guerre de chaque grade qu'il y aura dans ladite Troupe.

<h2 style="text-align:center">41.</h2>

CES billets contiendront, indépendamment du numéro des maifons & des noms & qualités des hôtes, le nom de la rue, le grade & le nombre de ceux qui devront y loger, les chambres qu'ils devront occuper, & les fournitures qui devront leur être faites ; lefdits billets feront fignés par l'Officier municipal chargé du détail du logement.

<h2 style="text-align:center">42.</h2>

LES Officiers municipaux ne logeront jamais des Soldats, Cavaliers ou Dragons dans des cenfes & maifons dépendantes du lieu du logement, à moins qu'elles ne puiffent contenir une ou deux compagnies avec les Officiers, & qu'elles ne foient éloignées que d'un quart de lieue tout au plus ; à la réferve cependant du cas de foule, lequel fera conftaté par un procès-verbal dreffé par le Commiffaire des guerres, ou à fon défaut, par le premier Officier municipal : ce procès-verbal fera adreffé fur le champ au Secrétaire d'Etat ayant le département de la guerre, & à l'Intendant de la province.

<h2 style="text-align:center">43.</h2>

LES Officiers municipaux obferveront d'expédier lefdits billets en paquets féparés, par compagnie, bataillon, efcadron ou régiment, de manière que tous les hommes & les chevaux d'une même compagnie, d'un même bataillon ou efcadron & régiment, foient logés de proche en proche, dans un même quartier ; & que les Fourrier, Sergens, Maréchaux-des-logis & Officiers foient logés près la compagnie à laquelle ils feront attachés, afin

qu'ils

qu'ils foient plus à portée de veiller au maintien de la difcipline.

44.

LES Officiers municipaux obferveront pareillement de loger proche leur compagnie, tous les Trompettes & Tambours des Troupes à cheval, & les Tambours d'Infanterie au centre du quartier qu'occupera le bataillon ou le régiment.

45.

LES billets ne pourront contenir pour chaque maifon, moins de deux Soldats, Cavaliers ou Dragons; & en ce cas, les hôtes fe conformeront à ce qui eft prefcrit par *l'article 25.* L'un des Officiers municipaux reftera à l'Hôtel de ville après l'affiette du logement, pour remédier aux abus qui auroient pu s'introduire à la diftribution des billets.

46.

SOIT qu'un régiment foit caferné ou logé chez le bourgeois, les Colonels ou Meftres-de-camp, Lieutenans-colonels & Majors, feront toujours logés le plus près qu'il fera poffible de leur régiment, les Officiers-majors le plus à portée qu'il fe pourra de leur bataillon ou efcadron, & les Capitaines, Lieutenans & Sous-lieutenans, le plus près poffible de leur compagnie.

47.

LORSQUE le logement fera converti en argent, en conformité des Ordonnances du 5 juillet 1765 pour les Officiers fupérieurs des Corps, du 25 octobre 1716 pour les Capitaines & autres Officiers inférieurs, ou de quelqu'autre règlement approuvé de Sa Majefté, cet ordre ne fera pas moins obfervé par les Officiers pour les logemens qu'ils loueront de gré à gré.

48.

LES billets de logement étant expédiés, & le Quartier-maître les ayant reçus des Officiers municipaux, il re-

Service des places.　　　　　　　　　　H

mettra, par paquets féparés, tous ceux des bas Officiers, Soldats, Cavaliers, Dragons, Trompettes ou Tambours de chaque compagnie, au Fourrier de ladite compagnie.

49.

LE Quartier-maître gardera ceux des Officiers de l'État-major & de ceux qui y font attachés, pour les leur remettre lui-même.

50.

IL gardera pareillement ceux des Tambours, pour les remettre au Tambour-major.

51.

LORSQU'IL arrivera des Officiers, Soldats, Cavaliers ou Dragons qui n'auront pas été préfens à la troupe lors de l'affiette du logement, les Officiers municipaux leur donneront les billets qui leur auront été réfervés, dans le quartier où fera logée leur compagnie, fur les certificats que le Commiffaire des guerres, ou en fon abfence, le Major de la place donnera de leur arrivée; s'il n'y a point dans le lieu de Commiffaire des guerres ou d'État-major, le Commandant de la troupe donnera ledit certificat, & fera en outre tenu de faire voir auxdits Officiers municipaux, les Soldats, Cavaliers & Dragons pour qui il faudra de nouveaux billets.

52.

LORSQUE les logemens d'une Troupe feront une fois affis, ils ne pourront être changés que par l'ordre de l'Intendant de la province, ou par celui des Commiffaires des guerres, avec l'avis des Officiers municipaux, defquels changemens le Commiffaire fignera les billets, conjointement avec eux, & ils feront tenus d'informer fur le champ le Commandant de la province & le Commandant de la place, des raifons qu'ils auront eues d'ordonner lefdits changemens.

53.

S'IL arrivoit que les Officiers municipaux furchargeaffent de logement quelques habitans pour en exempter d'autres qui devroient y être fujets, ou dont le tour feroit venu de loger, le Commiffaire des guerres fe fera repréfenter par lefdits Officiers municipaux les rôles des habitans ; & s'il y a abus, ils feront condamnés par les Intendans des provinces, fur la requifition des Commiffaires des guerres, à trente livres au moins de dommages & intérêts envers ceux defdits habitans qui auront été léfés ; ledit Commiffaire expédiera feul les billets, pour faire loger & déloger ceux qu'il conviendra, fans que perfonne puiffe fe difpenfer de s'y conformer, à peine de défobéiffance & de s'y voir contraint.

54.

SA MAJESTÉ autorife pareillement les Commiffaires des guerres à faire loger les gens de guerre, tant chez les Officiers municipaux, que chez ceux qui par connivence ou autrement, auront fouffert quelques abus au fujet des logemens.

55.

LES villes qui voudront fe décharger du logement perfonnel, pourront louer des maifons fuffifantes & convenables pour y caferner les Troupes qui y feront en garnifon, pourvu que ce foit à leurs frais, fans aucune augmentation fur les denrées, & aux conditions de leur y faire fournir les uftenfiles néceffaires ; de ne faire mettre dans les chambres defdites maifons, qu'autant de lits qu'elles pourront raifonnablement en contenir, & de faire contribuer aux fournitures, non - feulement les habitans non exempts du logement, mais même en cas de néceffité, ceux des bourgs & villages dépendans defdites villes.

56.

CETTE dernière difpofition n'aura cependant lieu qu'après que les Intendans des provinces auront réglé la quantité & l'efpèce de fourniture que lefdits bourgs & villages devront livrer, à proportion de leurs facultés, & de la quantité de Troupes qui devra être en garnifon dans lefdites villes.

Les fournitures seront faites en nature, sans que pour quelques raisons que ce soit, il puisse être fait entre les chefs des villes & ceux des bourgs & villages aucuns arrangemens à ce contraires.

57.

SERONT exempts du logement des gens de guerre, & de toutes les contributions à icelui :

1.° Les Ecclésiastiques, étant actuellement dans les Ordres & pourvus de Bénéfices, ou chargés de fonctions qui exigent la résidence dans le lieu.

2.° Les Officiers étant actuellement au service, ou qui s'en sont retirés après avoir obtenu la Croix de l'Ordre Royal-militaire de Saint-Louis, ou une pension de Sa Majesté.

3.° La Noblesse du royaume qui n'est point dans le service.

4.° Les veuves des Officiers des Troupes, tués à la guerre, retirés avec la Croix de Saint-Louis ou une pension du Roi ; celles des Gentilshommes ou autres, morts dans des charges qui leur procuroient pendant leur vie, l'exemption de logement, lesquelles continueront d'en jouir pendant leur viduité.

5.° Les Officiers commensaux des Maisons royales, chargés d'un service annuel dans lesdites maisons, sans que ceux qui n'auront qu'un titre de charge, & ne rempliront aucun service, puissent prétendre à ladite exemption.

6.° Les Conseillers - Secrétaires de Sa Majesté, Maison, Couronne de France & de ses Finances ; les Audienciers, Contrôleurs & autres Officiers de la grande Chancellerie.

7.° Les Présidens, Conseillers, Gens de Sa Majesté & autres Officiers des Parlemens, Chambres des Comptes, Cours des Aides & autres Cours, & Conseils supérieurs.

8.° Les Présidens & Trésoriers généraux de France aux Bureaux des finances des généralités du royaume.

9.° Les Présidens, Lieutenans généraux, particuliers, civils & criminels du Siége principal de chaque lieu ; ensemble les Gens de Sa Majesté auxdits Siéges, sans que les Chefs & Officiers des autres Justices, établis dans le même lieu, puissent participer à la même exemption.

10.° Les Grands-maîtres & Maîtres particuliers des eaux & forêts, tous les Officiers desdites Maîtrises, à la seule exception des Huissiers-audienciers.

11.°

11.° Les Officiers des Élections.

12.° Les Commissaires aux Saisies-réelles, & les Receveurs des Consignations, dont la finance excèdera quatre mille livres.

13.° Les Officiers & Ouvriers des Monnoies, excepté ceux qui étant logés hors des hôtels, tiendroient cabaret ou boutique ouverte.

14.° Le principal Officier, le Procureur du Roi & le Receveur de chaque Siége de l'Amirauté.

15.° Les Officiers de Chancellerie, près les Cours supérieures.

16.° Les Recteurs, Régens & Principaux des Universités, exerçant actuellement.

17.° Les Gardes-étalons.

18.° Tous les Officiers & Cavaliers des compagnies de Maréchauffées.

19.° Les Maire, Mayeurs, Bourguemeftres, Échevins, Consuls, Jurats ou Syndics des villes & communautés, pour le temps de leur adminiftration feulement; ces exemptions ne pouvant être prétendues au-delà, fous tel prétexte que ce foit.

20.° Les Tréforiers & Receveurs généraux & particuliers ayant le maniement actuel des deniers de Sa Majefté.

21.° Les Commis des Fermiers des domaines, gabelles, aides, traites foraines, douanes domaniales & autres fermes de Sa Majefté, ainfi que les débitans de fel.

22.° Les Receveurs de décimes.

23.° Les Employés aux poudres & falpêtre.

24.° Les Monnoyeurs & les Changeurs en titre ou par commiffion, qui ont été établis dans les départemens ; mais les Changeurs feulement jouiront de cette exemption, quand même ils tiendroient boutique ouverte.

25.° Les Étapiers, non-feulement pour les maifons où ils demeureront, mais encore pour celles où feront leur magafin, fervant à la fourniture de l'étape.

26.° Les Commis chargés de la fourniture des lits dans les garnifons, les Gardes-magafins des habillemens & armes de la Milice, les Commis des vivres & des fourrages, Médecins, Chirurgiens, Directeurs & Contrôleurs des hôpitaux militaires, Gardes-magafins des effets du Roi, & tous Employés pour le fervice du Roi.

Service des places.   I

27.° Les Directeurs des bureaux des lettres, les Maîtres de poftes établis par brevets de Sa Majefté, les Commis des poftes, ainfi que les Courriers ordinaires, employés par les Fermiers des poftes, quoique faifant commerce & tenant cabaret.

28.° Les Lieutenans & les Greffiers du premier Chirurgien du Roi.

29.° Les Commanderies & Fermes de l'Ordre de Malte.

30.° Les Chefs & Infpecteurs des Manufactures établies par lettres patentes du Roi.

31.° Les Meffageries feront exemptes de logement effectif, en obfervant cependant, que, quand, par la raifon du commerce que les maîtres defdites Meffageries feront, ou du cabaret qu'ils tiendront, on marquera des logemens dans leurs maifons & écuries, on devra leur laiffer de quoi remplir le fervice dont ils font chargés.

58.

LES privilégiés ne jouiront de leur exemption, que pour les maifons ou parties d'icelles qu'ils occuperont perfonnellement, fans que les particuliers non exempts, qui pourroient les louer en tout ou en partie, puiffent participer, fous tel prétexte que ce puiffe être, à ladite exemption.

A l'égard des privilégiés à titre de charge ou emploi, des Officiers des Élections, & de tous autres Officiers de judicature ou de finance, dont les charges exigent réfidence, ils ne jouiront de l'exemption du logement qu'autant qu'ils rempliront leurs fonctions & qu'ils réfideront dans le lieu de leur établiffement, tout le temps prefcrit par la déclaration du Roi du 13 juillet 1764, à moins cependant qu'ils n'euffent des Lettres d'honoraires ou de vétérance ; dans lequel cas, étant difpenfés de réfidence, ils devront jouir des mêmes priviléges & exemptions qu'ils avoient étant en place.

59.

CEUX qui étant exempts par leur état, leur charge ou emploi, feront commerce à boutique ouverte, ou tiendront cabaret, feront déchus de leur exemption, &

aſſujettis au logement comme marchands ou cabaretiers, pendant tout le temps qu'ils feront ledit commerce, à la réſerve de ceux déſignés aux nombres 24, 27 & 31 de l'article 57, & des Gardes-étalons.

60.

EN cas de foule, le logement ſera fait indifféremment chez les exempts & non exempts, en ſuivant néanmoins l'ordre des exempts; de manière que les Eccléſiaſtiques ſoient logés les derniers, & ainſi des autres, dans l'ordre qu'ils ont été nommés ci-deſſus, en ſe conformant, pour conſtater le cas de foule, à ce qui eſt preſcrit par *l'article 42 du préſent Titre.*

61.

SI quelques autres perſonnes que celles ci-deſſus nommées, prétendent jouir de l'exemption du logement des gens de guerre, ſoit par conceſſion particulière ou autrement, elles ſe pourvoiront par-devant l'Intendant de la province qui décidera de la validité de leur titre, & connoîtra ſupérieurement & privativement à tous autres des détails des logemens; & ce qui ſera par lui ordonné à cet égard, ſera exécuté par proviſion, ſauf à ceux qui ſe croiront léſés par leurs ordonnances, à adreſſer leurs repréſentations au Secrétaire d'État ayant le département de la guerre, pour en rendre compte à Sa Majeſté, & y être par Elle pourvu.

62.

DÉFEND très-expreſſément Sa Majeſté aux Soldats, Cavaliers & Dragons de ſes Troupes, de frapper ou inſulter les Maire, Échevins, Conſuls, Juges & autres Magiſtrats des lieux où ils ſeront en garniſon, ou par leſquels ils paſſeront lorſqu'ils ſeront en route : Voulant Sa Majeſté, que ſur la réquiſition des Magiſtrats, les accuſés ſoient mis en priſon pour être jugés par les Juges du lieu, ſuivant la nature & les circonſtances du délit.

63.

DANS le cas où leſdits Magiſtrats & Officiers municipaux auroient été infultés ou frappés par des Officiers des Troupes de Sa Majefté, le Commandant de la place ou celui de la troupe les feront mettre en prifon, & ils en informeront fur le champ le Commandant de la province, & le Secrétaire d'État ayant le département de la guerre, qui prendra les ordres de Sa Majefté pour faire interdire & même caffer lefdits Officiers, fuivant l'exigence du cas.

64.

TOUTES exemptions & priviléges feront fupendus lorfqu'il s'agira des Troupes de la Maifon du Roi; elles feront diftribuées dans les maifons les plus convenables, fans nulle exception, pour quelque raifon que ce puiffe être; de manière que lorfque toutes les maifons convenables des fujets au logement, feront occupées, on défignera celles des derniers exempts, & enfuite des autres, en remontant jufqu'aux premiers s'il eft néceffaire.

65.

DANS chaque ville où il y aura des brigades des Gardes-du-corps en quartier, il fera fait par les Officiers municipaux, de concert avec les Commiffaires des compagnies, & fous l'autorité de l'Intendant de la province, un état du logement des Gardes de chaque brigade, fur le pied complet, dont il fera remis une copie au Commandant de la brigade.

66.

LESDITS Officiers municipaux donneront de quatre en quatre femaines, de nouveaux billets de logement aux Gardes effectifs qui feront préfens au quartier, de manière qu'ils foient logés fucceffivement chez tous les habitans compris audit état, & que la charge dudit logement foit également partagée entr'eux.

67.

SA MAJESTÉ voulant que les Gardes faffent ordinaire chez leurs hôtes, par chambrées de quatre Gardes chacune, chaque habitant qui aura un Garde

logé chez lui, sera obligé de lui fournir (indépendamment d'une chambre & d'un lit garni pendant quatre
semaines) pendant une de ces quatre semaines, seulement
pour l'ordinaire de la chambrée de ce Garde, le feu
pour cuire la viande & la soupe de ladite chambrée,
sept chandelles des huit à la livre, huit serviettes, deux
nappes, une marmite, & les plats, assiettes, cuillers,
fourchettes, siéges & autres ustensiles nécessaires pour
la table.

68.

SA MAJESTÉ défend à ses Gardes de rien exiger
de plus de leurs hôtes que ce qui est fixé par l'article
ci-dessus, ni de rester chez eux plus long-temps qu'il ne
sera porté par leur billet de logement, ou de faire difficulté d'accepter de nouveaux billets qui leur seront délivrés de quatre en quatre semaines.

69.

SI dans le nombre des logemens qui auront été
marqués pour les Gardes, il s'en trouvoit quelques-uns
qui ne fussent pas bons, ou qu'il ait été commis quelques
abus de la part des Officiers municipaux sur le fait desdits
logemens, les Commandans des brigades s'adresseront
à l'Intendant de la province, pour y pourvoir; & lesdits
Officiers municipaux auront pareillement recours à lui
dans les cas qui pourront l'exiger.

70.

L'INTENTION de Sa Majesté est qu'on observe
pour le logement des Troupes de sa Maison & de sa
compagnie des Grenadiers à cheval, tout ce qu'Elle a
prescrit pour ses Gardes-du-corps.

TITRE 6.

De l'établissement des Troupes dans leur logement.

ARTICLE PREMIER.

LORSQUE le régiment aura reçu ordre d'entrer dans son logement, il s'y rendra dans le plus grand ordre, & aucun Officier ne pourra quitter sa troupe qu'elle n'y soit établie.

2.

SI le régiment est logé dans les pavillons & casernes, il sera conduit de la place d'armes auxdits pavillons & casernes par un Officier-major de la place, & ledit régiment ne se séparera qu'après y avoir établi sa garde particulière de police.

3.

LE Commandant du régiment réglera la force de cette garde, relativement à l'étendue & à la position des casernes.

4.

LES clefs du quartier seront remises, à l'arrivée du régiment, entre les mains de l'Officier ou bas Officier qui commandera ladite garde.

5.

LORSQU'UNE troupe sera logée dans des corps de casernes dont la capacité excèdera le nombre de chambres nécessaires pour son logement, il ne lui sera pas permis de s'y étendre, & elle n'occupera que le nombre de chambres qui lui sera nécessaire, à proportion du nombre de lits que chacune desdites chambres pourra contenir.

6.

LES Soldats mariés des régimens étrangers, & les Blanchisseuses des Troupes, pourront occuper des chambres féparées au rez-de-chauffée, fans que jamais ces dernières puiffent être établies dans les chambres des étages fupérieurs, à la réferve des quartiers où le rez-de-chauffée ne fera compofé que d'écuries.

7.

Si le régiment doit être logé chez les habitans, chaque compagnie, conduite par fes Officiers & par le Fourrier, fe rendra de la place d'armes dans le quartier de la ville ou du lieu où elle devra être logée.

8.

Alors le Fourrier fera la diftribution des billets de logement, d'abord à fes Officiers, enfuite aux bas Officiers & à chaque Chef de chambrée, jufqu'à concurrence du nombre d'hommes dont lefdites chambrées feront com-pofées.

9.

Chaque Chef de chambrée conduira enfuite & établira fes Soldats, Cavaliers ou Dragons, dans les logemens qu'ils devront occuper.

10.

Les Officiers feront tenus de refter jufqu'à l'entier établiffement de leur compagnie, afin de prévenir les difcuffions qui pourroient s'élever entre leurs Soldats, Cavaliers ou Dragons & les habitans, & de mettre tout dans l'ordre convenable.

11.

Ils rectifieront, conjointement avec l'Officier munici-pal refté à la Maifon-de-ville, les erreurs qui auront pu fe commettre dans la première diftribution des billets.

12.

Le lendemain de l'établiffement du régiment dans fes logemens, chaque Aide-major fera tenu de vifiter ceux de fon bataillon ou efcadron, pour changer tout ce qui ne feroit pas conforme à l'ordre prefcrit, & rendre compte au Major & au Commandant du régiment des autres abus auxquels il n'aura pu remédier.

13.

LE logement de chaque compagnie étant affis, les Fourriers en remettront l'état au Quartier - maître, qui formera l'état général du logement de chaque bataillon ou efcadron, y compris celui des Officiers de l'État-major, & en donnera copie au Major & au Commandant du corps.

14.

SUR cet état feront pareillement marqués les logemens des Officiers de chaque compagnie, foit que lefdits Officiers aient leur logement en nature ou en argent, afin que fi dans l'un ou l'autre cas ils n'étoient pas à la proximité de leur troupe, le Commandant du régiment puiffe y remédier.

15.

LE Quartier-maître fera tenu de donner communication de cet état général au Commiffaire des guerres chargé de la police du logement, & aux Officiers municipaux.

16.

LES Officiers qui fe logeront par force & fans billets du Commiffaire des guerres ou des Officiers municipaux, feront mis en prifon pour huit jours, & ceux qui changeront entr'eux les logemens qui leur auront été donnés, feront mis aux arrêts pour quinze jours, & le Commandant de la place en rendra compte au Commandant en chef de la province.

17.

LES Soldats, Cavaliers ou Dragons qui changeront entr'eux leurs logemens fans permiffion, feront punis de quinze jours de prifon.

18.

LES Soldats, Cavaliers & Dragons qui s'établiront en d'autres logemens que ceux qui leur auront été affignés, feront punis, conformément aux peines portées par les bans publiés à l'arrivée des Troupes.

19.

Tout détachement qui devra rester en garnison dans une place, s'établira dans son logement avec l'ordre & les précautions prescrites par le *présent Titre*.

TITRE 7.

Du service des Troupes dans les Places.

ARTICLE PREMIER.

Les Troupes feront la garde nuit & jour dans les places de guerre & dans les quartiers; & elle sera relevée toutes les vingt-quatre heures.

2.

Indépendamment de la garde, il y aura plusieurs autres espèces de service qui feront distingués & commandés par des tours séparés, comme il est prescrit aux *articles 1.er & 14 du Titre* 8.

3.

En temps de guerre, le service sera réglé par les Commandans des places, relativement à la proximité de l'ennemi & à la sûreté de la place.

4.

Dans le cas où une place feroit assiégée, le Commandant de ladite place ordonnera & disposera des Troupes de sa garnison, des Officiers d'Artillerie & des Ingénieurs, comme il le jugera à propos pour la défense de ladite place : il chargera les Officiers qu'il croira le plus capable des détails relatifs à la défense & au bon ordre de la place, de même qu'à la garde des ouvrages & des postes ; il les en retirera pour les placer ailleurs, quand & selon que le bien du service lui paroîtra l'exiger, tant dans l'intérieur qu'à l'extérieur de ladite place.

5.

EN temps de paix, la garde fera réglée tous les premiers du mois, fur le nombre effectif des Soldats, Cavaliers ou Dragons, en état de faire le fervice & relativement au nombre des fentinelles qui feront abfolument néceffaires pour la garde de la place, le maintien du bon ordre & la confervation des ouvrages.

6.

A cet effet les Commandans des régimens fe rendront chez le Commandant de la place; & après lui avoir remis un état de la fituation actuelle de leur corps, le fervice fera réglé de manière que chaque Grenadier ou Fufilier ait fix nuits de repos, & jamais moins de cinq, & chaque Cavalier ou Dragon douze nuits, & jamais moins de dix.

7.

IL ne fera jamais employé de fentinelles pour garder les herbages des remparts & des ouvrages, & il n'y aura abfolument fur lefdits remparts que le nombre de fentinelles néceffaires pour empêcher la dégradation des ouvrages, & pour obferver pendant la nuit ce qui fe paffera dans les dehors de la place.

8.

CHAQUE Soldat, Cavalier ou Dragon, ne fera jamais moins de fix heures de faction pendant les vingt-quatre heures qu'il fera de garde.

Depuis le 1.er Mai jufqu'au 1.er Octobre, & dans les cas d'une néceffité abfolue feulement, les Commandans des places feront autorifés à faire faire huit heures de faction à chaque fentinelle; d'après cela il fera compté ordinairement fur le pied de quatre hommes pour fournir une fentinelle, & dans les cas indifpenfables fur le pied de trois.

9.

LORSQUE la garnifon ne pourra fournir les fenti-nelles abfolument néceffaires, fans s'écarter de ce qui eft réglé par l'*article 6*, les Commandans des provinces pourront, fur les repréfentations des Commandans des places, augmenter le nombre d'hommes fixé pour la garde en temps de paix, en rendant toutefois compte fur le champ au Secrétaire d'État ayant le département de la guerre, des motifs qui les y auront engagés.

10.

A l'égard du nombre des Officiers qui devront monter la garde, il fera réglé par le Commandant de la place, de manière que les Capitaines d'Infanterie aient, autant qu'il fe pourra, onze ou douze nuits de repos, les Officiers fubalternes huit à neuf, les Capitaines de Cavalerie ou de Dragons quatorze ou quinze, & les Officiers fubalternes onze à douze.

11.

Dans le temps des congés de femeftre, le nombre des poftes d'Officiers fera diminué, & celui des poftes des Sergens & Maréchaux-des-logis fera augmenté en proportion.

12.

La force des poftes ayant été déterminée, relativement au nombre de Sentinelles qu'ils devront indifpenfablement fournir, & à ce qui eft réglé ci-deffus, le Major de la place infcrira fur fon regiftre d'ordre, le fervice du mois tel qu'il aura été arrêté, afin de le commander en conféquence.

13.

Quand il y aura dans la place affez de compagnies de Grenadiers pour qu'elles puiffent fournir chaque jour une garde de vingt-quatre Grenadiers, fans être plus fatigués que les Fufiliers de la garnifon, on leur donnera des poftes féparés, celui de la place d'armes leur fera toujours affecté par préférence, & dans ce cas il fera toujours commandé par un Capitaine ou Officier fubalterne de Grenadiers, qui rouleront enfemble pour ce fervice.

14.

S'il n'y a point affez de compagnies de Grenadiers

pour qu'elles puiffent fournir feules le pofte de la place d'armes, les Grenadiers feront alors mêlés avec des Fufiliers, qui fourniront le nombre d'hommes fuffifans pour compléter le pofte; & dans ce cas, les Officiers & Sergens de Grenadiers rouleront avec les Officiers & Sergens de Fufiliers : bien entendu que les Grenadiers, quoique mêlés, auront toujours par préférence le pofte de la place d'armes.

1 5.

INDÉPENDAMMENT du fervice de la garde de la place, les Grenadiers feront tous les détachemens pour lefquels ils feront commandés, tant au dedans qu'au dehors de la place.

1 6.

CHAQUE bataillon fournira pour la garde le nombre de bas Officiers & Soldats qui fera fixé par le Commandant de la place, relativement au nombre effectif d'hommes de la garnifon, & conformément à ce qui eft réglé par les *articles 5 & 6 du préfent Titre.*

1 7.

LE fervice de la Cavalerie & des Dragons, fera de deux efpèces; favoir, à pied ou à cheval; il fera auffi réglé fur le nombre effectif de Cavaliers ou Dragons & de chevaux de la garnifon, conformément aux *articles 5 & 6.*

1 8.

LA Cavalerie ou les Dragons qui monteront la garde à pied, auront dans les places des poftes féparés de ceux de l'Infanterie; & s'il n'y a point d'Infanterie dans lefdites places, le Commandant de la place difpofera les détachemens que la Cavalerie ou les Dragons devront fournir pour la garde, de manière qu'il y ait pour la police un pofte fur la principale place, & s'il eft poffible une petite garde à chaque porte.

1 9.

LA garde de Cavalerie ou de Dragons qui montera à cheval, fera placée fur la place d'armes pour fe porter avec plus de célérité par-tout où elle fera néceffaire.

20.

20.

ON désignera un endroit fur ladite place pour mettre à couvert les hommes & les chevaux de cette garde, & pour fervir de corps-de-garde.

21.

INDÉPENDAMMENT du fervice de la garde de la place, la Cavalerie & les Dragons feront tous les détachemens pour lefquels ils feront commandés au dehors de la place.

22.

LES régimens du Corps-royal de l'Artillerie, fe trouvant feuls dans les places, y feront le fervice comme toute l'Infanterie, fi le Commandant de ladite place le juge néceffaire.

23.

LORSQU'AU contraire lefdits régimens du Corps-royal de l'Artillerie fe trouveront dans les places avec d'autres Troupes, ils feront difpenfés d'y monter la garde ailleurs qu'au parc de l'artillerie & à leur quartier; les Officiers & Soldats des compagnies de Mineurs & d'Ouvriers, foit qu'elles fe trouvent feules dans les places ou avec d'autres Troupes, feront également difpenfées de monter la garde, hors les cas de néceffité.

24.

INDÉPENDAMMENT de ce que chaque régiment d'Infanterie, de Cavalerie ou de Dragons devra fournir pour la garde de la place, il fournira tous les jours, & fans que cela foit compris dans ledit fervice, fes gardes de police de quartier, s'il eft caferné, & fes gardes de caiffe, drapeaux, étendards ou guidons.

25.

LORSQU'IL fera néceffaire d'exploiter & remuer des pièces d'artillerie & munitions de guerre, dans une place où il n'y aura point un détachement du Corps-royal d'Artillerie fuffifant à cet effet, on commandera le nombre de Soldats néceffaires, fur la demande du Commandant d'Artillerie; ces Soldats feront commandés par des Sergens de corvées, qui leur feront exécuter tout ce que le Commandant de l'Artillerie ordonnera.

TITRE 8.

De l'ordre à obferver dans les Places pour commander le Service.

ARTICLE PREMIER.

L'INFANTERIE aura, à l'avenir, fix tours de fervice dans les places; Savoir:

Le premier, pour les détachemens, efcortes & pour la garde des poftes extérieurs, qui ne fera relevée qu'après un certain nombre de jours.

Le fecond, pour la garde de la place qui fera relevée journellement.

Le troifième, pour les gardes d'honneur.

Le quatrième, pour les corvées.

Le cinquième, pour les rondes.

Et le fixième, pour les détachemens en mer.

Dans les places affiégées, il y aura de plus un tour pour les Travailleurs, lequel fera alors le premier de tous.

2.

LES détachemens de tous ces tours de fervice, feront compofés d'Officiers, bas Officiers, Grenadiers & Soldats du même régiment, de manière que chacun des bataillons dont le régiment fera compofé, y contribue également.

Dans les places où il y aura plufieurs régimens, chacun defdits régimens fournira les détachemens néceffaires pour compléter la garde; mais les différens poftes & détachemens pour quelque fervice que ce foit, ne feront jamais mêlés d'Officiers, bas Officiers ou Soldats de différens régimens.

3.

A cet effet , tous les régimens , tant françois qu'étrangers, qui feront dans la même place , fourniront tous également & alternativement aux différens services, felon leur rang & à proportion du nombre de bataillons ou d'escadrons dont ils feront compofés.

4.

DANS l'Infanterie , tous les détachemens des premier & fixième tours de fervice, & ceux des Travailleurs dans les fiéges, feront formés de huit escouades de fervice de huit hommes chacune, & dans les proportions réglées ci-après.

Le détachement entier, fera compofé de huit efcouades & un Tambour, & commandé par un Capitaine, un Lieutenant ou Sous-lieutenant, deux Sergens, quatre Caporaux & quatre Appointés.

Le demi-détachement fera compofé de quatre efcouades avec un Tambour, & commandé par un Lieutenant ou Sous-lieutenant, un Sergent, deux Caporaux & deux Appointés.

Le quart de détachement fera de deux efcouades, & commandé par un Sergent, un Caporal & un Appointé.

Le petit détachement fera d'une efcouade, & commandé par un Caporal.

Tous les petits détachemens au-deffous d'une efcouade, feront fournis au tour des gardes de l'intérieur de la place.

5.

LES détachemens des deuxième, troifième & quatrième tours de fervice, feront commandés par le Major de la place, relativement à la force des poftes, à l'efpèce des gardes d'honneurs, ou aux corvées néceffaires, & feront enfuite formés dans les régimens, conformément à ce qui eft réglé par *l'article 5 du Titre* 9.

6.

ON fe conformera pour le cinquième tour de fervice, à ce qui eft réglé par les *articles 1.er, 3 & 4 du Titre* 15.

7.

LES détachemens commandés pour les proceffions, feront réputés gardes d'honneur, & compris dans ce tour de fervice.

8.

TOUT le fervice, tel qu'il foit, fera commandé tous les jours à l'ordre général de la garnifon, par le Major de la place, qui tiendra à cet effet des contrôles du fervice de la place, tel qu'il aura été réglé le 1.er du mois, & des différens tours de fervice, afin que chaque régiment y fourniffe dans l'égalité & dans la proportion prefcrites par *l'article 3.*

9.

LE Major de la place tiendra pareillement des contrôles de tous les régimens, avec l'état par ancienneté de commiffion ou de brevet de tous les Officiers, pour les commander chacun à leur tour.

10.

LES bas Officiers & Soldats feront commandés par les Majors de leur régiment, fuivant le fervice qui aura été demandé à chaque régiment au cercle général de la garnifon.

11.

LORSQUE le Commandant de la place jugera à propos d'employer les Officiers fupérieurs à la vifite des poftes, tous ceux de la garnifon rouleront enfemble pour ce fervice, & ils feront nommés à l'ordre par le Major de la place.

12.

DANS l'Infanterie, les Officiers feront commandés pour tous les tours de fervice, par la tête du régiment, fans que fous tel prétexte que ce foit on puiffe commencer par la queue.

Le premier, le troifième & le quatrième tour, feront continués en paix comme en guerre, & dans les places & quartiers d'hiver comme en campagne.

Le

Le deuxième & le cinquième tour, feront continués, foit en paix, foit en guerre, d'une garnifon à l'autre, de manière qu'ils ne foient interrompus que quand les régimens feront en campagne, & qu'ils foient repris lorfque les régimens rentreront dans les places, ou s'établiront dans les lieux de leur quartier d'hiver.

Le fixième tour, pour les détachemens en mer, ne fera jamais interrompu; tout Officier reprendra fon tour, & ne pourra être commandé deux fois, que tous ceux du même grade ne l'aient été une.

Celui des Travailleurs de fiége, fera continué d'une guerre & d'un fiége à l'autre.

13.

AFIN que le fervice foit toujours commandé dans les vues de *l'article 12*, les Majors des régimens tiendront avec foin les contrôles de tous ces différens tours, & les remettront en arrivant dans une place, au Major de ladite place.

14.

IL y aura pour la Cavalerie & les Dragons, trois tours de fervice :

Le premier, pour les détachemens.

Le deuxième, pour les gardes à cheval & les gardes d'honneurs.

Et le troifième, pour les gardes à pied.

Le fervice à cheval commencera par la tête du régiment, & le fervice à pied par la queue, & les Majors des régimens tiendront pareillement des contrôles de tous les tours de fervice.

Les différens détachemens de Cavalerie & de Dragons, feront commandés, compofés & formés de la manière prefcrite par les Ordonnances d'exercice de la Cavalerie & des Dragons.

15.

DANS l'Infanterie, comme dans la Cavalerie & les Dragons, les Capitaines, Lieutenans & Sous-lieutenans du même corps feront commandés par ancienneté de commiffions ou brevets.

Service des places. , N

16.

AUCUN Capitaine d'Infanterie, de Cavalerie ou de Dragons, ne pourra être commandé deux fois pour le même tour de service, qu'après que tous les Capitaines de la garnison l'auront été chacun une fois, & il en sera usé de même pour les Lieutenans & autres Officiers subalternes.

17.

LES Officiers réformés à la suite des places, n'y feront à l'avenir aucun service, de quelque nature qu'il puisse être, conformément à ce qui est prescrit par l'*article 16 du Titre premier* de la présente Ordonnance.

18.

LES Officiers qui se trouveront à la garnison ou au quartier, pendant le temps qu'ils pourroient être absens par semestre ou par congé, seront tenus de faire le service de même que les autres Officiers.

19.

LES Officiers ne pourront changer entr'eux leurs tours de garde ou de détachement.

20.

CEUX qui se feront trouvés malades ou absens lorsqu'ils auront dû marcher pour gardes ou détachemens, ne reprendront point leur tour. A l'égard des corvées, elles se reprendront pour un tour seulement.

21.

LES Officiers commandés qui se trouveront incommodés, en feront avertir le Major du régiment, pour qu'il en soit commandé d'autres à leur place.

22.

LORSQU'UN Officier se trouvera en même temps le premier à marcher pour différens services, il sera commandé par préférence pour le premier de ces services, dans l'ordre où ils sont désignés par l'*article 1.er*, & les autres tours seront censés passés pour lui.

23.

LES détachemens feront cenfés faits lorfqu'ils auront paffé la dernière barrière de la place.

24.

LES Capitaines rouleront, s'il eft néceffaire, avec les Officiers fubalternes pour le fecond tour de fervice, de manière que les Capitaines relèvent les Officiers fubalternes, lefquels pourront pareillement relever les Capitaines; mais on obfervera de donner aux Capitaines par préférence les poftes les plus importans de la garnifon.

25.

SERONT exempts de tous tours de garde & de ronde les Colonels, Meftres-de-camp, Lieutenans-colonels, Majors, Aides-majors, Sous-aides-majors, Quartiers-maîtres, Porte-drapeaux, Porte-étendards ou Porte-guidons, les Fourriers, les Tambours-majors & les Timbaliers; bien entendu cependant que les Fourriers fuivront leurs compagnies lorfqu'elles feront détachées en entier.

26.

LES Capitaines qui, au défaut des Officiers-majors des places, s'y trouveront commander, ou qui en l'abfence des trois Officiers fupérieurs de leurs corps, commanderont par accident, un ou plufieurs bataillons ou efcadrons, dont les compagnies feront réunies, jouiront auffi de la même exemption; laquelle ne pourra être prétendue par les Capitaines qui commanderont des bataillons ou efcadrons, dont les compagnies feront difperfées. Mais fous prétexte de cette exemption, les fufdits Capitaines ne feront pas difpenfés de leur tour de détachement ni de marcher avec leurs compagnies de Grenadiers ou de Fufiliers, fi elles font détachées, devant dans ce cas laiffer le commandement au Capitaine qui les fuit.

TITRE 9.

De l'ordre à obferver dans les Régimens pour commander le Service.

ARTICLE PREMIER.

LES Majors des régimens, commanderont fur tous les bataillons, efcadrons & compagnies de leur régiment, le nombre de bas Officiers, Soldats, Cavaliers & Dragons néceffaires pour les différens fervices qui feront commandés par le Major de la place.

2.

A cet effet, ils feront tenir par un Officier-major, & par les Fourriers des compagnies, les contrôles néceffaires, pour que tous les bataillons, efcadrons & compagnies de leur régiment, contribuent également au fervice de la place.

3.

LES Sergens & les Caporaux, les Maréchaux-des-logis & les Brigadiers, feront commandés par la tête & par la queue, fuivant le rang des compagnies dont ils feront; à l'exception toutefois des détachemens pour lefquels ces derniers marcheront, avec les efcouades que fourniront leurs compagnies; chaque efcouade devant toujours être commandée par un Caporal ou un Appointé de la compagnie qui la fournira.

4.

LES Soldats, Cavaliers & Dragons, feront commandés auffi fuivant le rang de leur compagnie, & afin que les gardes ou détachemens foient toujours compofés d'anciens & de nouveaux Soldats, Cavaliers ou Dragons, le tour de fervice commencera en même-temps par la tête & par la queue de chaque compagnie.

5.

DANS l'Infanterie, les deuxième, troifième & quatrième tours de fervice, comprenant la garde de la place, les gardes d'honneur & les corvées, continueront d'être fournis, ainfi que par le paffé, par un nombre égal de Soldats pris fur toutes les compagnies du régiment.

6. A l'égard

6.

A l'égard des premier & sixième tours de service, concernant les postes extérieurs, détachemens, escortes, détachemens en mer, & du tour des Travailleurs de siége, chaque compagnie du régiment n'y fournira jamais que par escouades de service, ainsi qu'il a été prescrit à *l'article 4 du Titre 8*.

Ces escouades seront composées des huit premiers Soldats à marcher, pris en même-temps par la tête & par la queue des compagnies qui devront les fournir, & elles ne seront jamais brisées ni mêlées avec celles des autres compagnies.

Lorsque par le premier tour de service, une compagnie aura fourni une escouade à un détachement de plusieurs jours, elle ne fournira plus audit tour de service, jusqu'à ce que cette escouade l'ait rejoint.

7.

DANS la Cavalerie & les Dragons, tous les différens tours de service continueront d'être fournis par un nombre égal de Cavaliers ou de Dragons, pris sur toutes les compagnies du régiment, ainsi qu'il est prescrit par les Ordonnances d'Exercice de la Cavalerie & des Dragons.

8.

CHAQUE Soldat, Cavalier ou Dragon, montera la garde à son tour, à la réserve de ceux qui auront obtenu la permission de travailler, conformément à ce qui est réglé par les *articles 123 & suivans du Titre 21*, lesquels auront la liberté de s'arranger avec ceux de leurs camarades qui pourront monter la garde.

9.

AU moyen de la facilité accordée par l'article précédent, & quelqu'avantage qu'il pût en résulter pour l'équipement & la tenue du régiment, aucun Soldat ne pourra cependant monter la garde plus d'une fois tous les trois jours : voulant Sa Majesté que dans tous les cas,

la santé des hommes ait la préférence sur toutes confi-
dérations de tenue.

1 0.

TOUT bas Officier, Soldat, Cavalier & Dragon
qui, en fortant de l'hôpital, ne paroîtra pas parfaitement
rétabli, ne fera commandé pour aucun fervice qu'il n'ait
repris fes forces & qu'il ne foit en état de faire le fervice
fans crainte de rechute.

1 1.

LES Officiers fupérieurs des régimens qui feront commandés de fervice dans une place, feront accompagnés
d'un Officier-major de leur régiment; favoir, les Colonels
ou Meftres-de-camp, d'un Aide-major, & les Lieutenans-
colonels & Majors, d'un Sous-aide-major.

1 2.

EN l'abfence du Capitaine de Grenadiers & des autres
Officiers de fa compagnie, le plus ancien Capitaine &
les plus anciens Officiers fubalternes du bataillon marcheront à leur place avec cette troupe.

1 3.

QUAND les Officiers de Grenadiers s'abfenteront pour
plus de quatre jours, le Major du régiment en fera avertir
les Officiers du bataillon qui devront les remplacer, lefquels, du jour qu'ils feront avertis jufqu'au retour de ceux
qu'ils auront remplacés, ne feront point d'autre fervice.

1 4.

SI le Capitaine, commandant par accident une compagnie de Grenadiers, fe trouve commander un bataillon
par un autre accident, il demeurera dans ce cas attaché
au bataillon, & le Capitaine qui le fuivra dans le bataillon
le remplacera à la compagnie de Grenadiers, jufqu'à ce
que le Capitaine titulaire y foit préfent.

TITRE 10.

De l'Assemblée, de l'Inspection & de la Parade des Gardes.

ARTICLE PREMIER.

ON battra *la garde* à neuf heures du matin en tout temps, & les détachemens qui la composeront, défileront à midi précis de la parade générale pour se rendre aux postes qu'ils devront occuper.

Dans les provinces méridionales du royaume, & pendant les fortes chaleurs seulement, Sa Majesté autorise les Commandans desdites provinces à permettre aux Commandans des places d'icelles, de faire défiler les gardes à dix heures précises; & l'on battra alors *la garde* à sept heures du matin, afin que tout ce qui est prescrit par le *présent Titre*, puisse s'exécuter avec la même exactitude.

2.

LE Tambour-major de chaque régiment d'Infanterie, assemblera à huit heures & demie tous les Tambours du régiment, & en fera l'inspection : cette inspection finie, & aussitôt que neuf heures sonneront, tous les Tambours battront *la garde* & *l'assemblée* dans le quartier de leur régiment.

3.

LES Fourriers des compagnies dont on aura nommé la veille à l'ordre quelque Officier, Sergent ou Caporal, Maréchal-des-logis ou Brigadier pour la garde, se rendront à neuf heures & demie au lieu destiné pour tirer les postes, où le Major de la place, & à son défaut un Aide-major de ladite place sera tenu de se trouver.

4.

LE Major de la place tiendra un registre, destiné à être rempli des noms des postes & de ceux des Officiers,

Sergens, Maréchaux-des-logis, Caporaux & Brigadiers qui devront les commander.

5.

IL sera fait autant de billets qu'il y aura de poftes dans la place : fur chacun de ces billets, fera écrit le nom du pofte ; ceux où devront monter les Officiers & bas Officiers de chaque grade, feront mis féparément ; les Fourriers qui devront tirer ces différens poftes, tireront d'abord ceux des Capitaines, & fucceffivement ceux des Lieutenans, Sous-lieutenans, Sergens, Maréchaux-des-logis, Caporaux ou Brigadiers : À mefure que l'on tirera chaque billet, le nom de celui auquel il fera échu fera écrit fur les regiftres du Major.

Lorfque par l'inégalité des poftes, le tirage ne pourra pas fe faire fur tous les régimens de la garnifon, il fe fera par régiment (en fuivant l'ordre de leur ancienneté), & dans le nombre des poftes que chacun d'eux devra fournir.

6.

AUCUN Officier ou bas Officier ne pourra prétendre d'autre pofte que celui qui lui fera échu par le fort.

7.

EN été & dans les beaux jours, on montera toujours la garde en guêtres blanches ; pendant le froid & les mauvais temps, on la montera en guêtres noires, & on croifera les revers de l'habit, mais on en avertira à l'ordre, afin que toutes les troupes de la garnifon foient mifes uniformément.

8.

LES détachemens que chaque régiment devra fournir pour la garde, feront affemblés & infpectés dans les quartiers du régiment, & conduits enfuite à l'heure néceffaire au rendez-vous général de toutes les gardes de la garnifon fur la place d'armes, conformément à ce qui eft réglé par les *articles 72 & fuivans du Titre* 2 1.

9.

LE Major ou un Aide-major de la place fe trouvera
journellement

journellement à onze heures & demie sur la place d'armes,
pour y recevoir les détachemens des différens régimens.

10.

LES noms de chaque poste seront écrits en gros
caractères sur les murs d'une des grandes faces de la place
d'armes.

11.

LES détachemens de chaque régiment étant arrivés
au rendez-vous général de l'assemblée des gardes, y
feront mis en bataille, le dos tourné au mur où feront
marqués les postes : le Major ou l'Aide-major de la
place, qui s'y sera trouvé pour les recevoir, vérifiera si
chaque régiment a fourni le nombre d'Officiers, bas
Officiers, Soldats, Cavaliers ou Dragons fixé, & indiquera aux Officiers & bas Officiers, les détachemens
auxquels chacun d'eux devra être attaché.

S'il y a des détachemens de Cavalerie ou de Dragons,
soit à pied ou à cheval, on les placera à la gauche de
l'Infanterie.

12.

LES Officiers commandant les détachemens destinés
pour les nouvelles gardes, leur feront faire *demi-tour à
droite*, & ensuite *haut les armes*, & chaque détachement ira
poser ses armes au-dessous du nom du poste où il devra
monter.

13.

S'IL y a des détachemens de Cavalerie ou de Dragons à cheval, les Commandans desdits détachemens
leur feront les commandemens nécessaires pour remettre
le sabre dans le fourreau, & ensuite pour mettre pied
à terre, s'ils le jugent à propos, sans néanmoins qu'aucun Cavalier ou Dragon puisse quitter son rang.

14.

LE Tambour-major & tous les Tambours qui auront
accompagné la garde de leur régiment jusqu'au rendez-
vous de l'assemblée générale des gardes de la place, ne

se retireront que lorsque la garde générale aura défilé de dessus la place d'armes, & ils seront remenés en ordre à leur logement par le Tambour-major ou par le plus ancien d'entr'eux.

15.

LORSQUE l'heure approchera pour monter la garde, le Major de la place ordonnera aux Tambours d'*appeler*; à ce signal, les détachemens qui seront rangés suivant les postes qui leur seront échus, se formeront en bataille, à rangs serrés, le dernier rang à quatre pas du mur des inscriptions, & les Officiers se mettront à leur poste.

16.

LE Major de la place fera ensuite marquer les divisions par un Aide-major ou Sous-aide-major de ladite place, afin que la garde se rompe sur un front à peu-près égal.

Pour cet effet, lorsqu'il y aura plusieurs petits postes, on les joindra les uns aux autres, .& ils marcheront ensemble, jusqu'à ce qu'après avoir défilé devant l'Officier général, ou le Commandant de la place, ils arrivent dans les endroits où ils auront différens chemins à prendre.

17.

LES Tambours de tous les régimens de la garnison se réuniront & se placeront sur l'aile droite de la garde.

18.

LORSQUE les gardes seront prêtes à se porter sur le terrein où elles devront défiler, le Major de la place en fera avertir l'Officier général ou le Commandant de la place, par un Officier-major de ladite place; & le Gouverneur ou le Lieutenant de Roi par un Sergent

19.

PENDANT ce temps-là l'Officier commandant le poste de l'ancienne garde, qui sera sur la place d'armes, lui fera prendre les armes, & fera débarrasser la place de tout ce qui pourroit empêcher que les nouvelles gardes ne s'y miffent en bataille, & y fiffent les évolutions néceffaires.

Il fera auffi placer des Sentinelles autour du terrein que lefdites nouvelles gardes devront occuper, & affez en avant d'elles pour que leur front foit libre de manière à pouvoir y manœuvrer.

20.

TOUTES ces difpofitions étant faites, le Major de la place fera faire un roulement pour fervir de fignal aux Officiers, bas Officiers & Soldats, de porter leurs armes & de s'aligner; il fera enfuite le commandement, *Marche.*

21.

A ce commandement, toute la garde marchera en bataille, s'alignant fur le centre, & fe portera fur l'emplacement où elle devra défiler.

Le premier rang de la garde de Cavalerie ou de Dragons à cheval, fera aligné fur le premier rang de l'Infanterie; les Tambours battront *aux champs* & le Trompette fonnera *la marche.*

22.

LE Commandant & les autres Officiers de l'État-major de la place, ne pourront fe difpenfer de fe trouver tous les jours à la parade, à moins que leur préfence ne fût abfolument néceffaire ailleurs pour le bien du fervice.

23.

TOUS les Officiers des régimens qui feront dans une place, feront tenus, fans exception, depuis le Colonel ou le Meftre-de-camp, jufqu'au Porte-drapeau, Porte-étendard ou Porte-guidon, de fe trouver pareillement à la parade, à moins qu'ils ne foient employés pour quelqu'autre fervice ou occupés à leurs exercices.

24.

ON rendra alors les comptes de tout ce qui fe fera paffé pendant les vingt-quatre heures, dans l'ordre prefcrit au *Titre* 21.

2 5.

DÈS que les nouvelles gardes arriveront fur le terrein où elles devront défiler, les Officiers de la garnifon s'y rangeront fur plufieurs rangs vis-à-vis la garde, & par ancienneté de régiment, de manière que les Officiers du plus ancien régiment fe trouvent vis-à-vis la droite de la garde; & ceux du moins ancien, vis-à-vis la gauche.

Les Commandans des corps fe placeront à deux pas en avant des Officiers de leur régiment.

2 6.

LORSQUE lefdits Officiers de la garnifon ne pourront, pour raifon de maladie, fe trouver à la parade, ils en feront avertir le Major de leur régiment, afin qu'il en foit rendu compte au Commandant du corps; & fi c'eft un Officier fupérieur, il en fera prévenir le Major de la place, pour qu'il en rende compte au Commandant de la place.

2 7.

LES nouvelles gardes étant en bataille, le Major de la place fera ouvrir les rangs à quatre pas de diftance, & il remettra un état de la garde à l'Officier général & au Commandant de la place.

2 8.

ALORS l'Officier général, & à fon défaut le Commandant de la place fera l'infpection des nouvelles gardes; s'il trouve que tout ne foit pas en règle, il s'en prendra au Commandant du corps dans lequel il aura manqué quelque chofe.

L'Officier général pourra, lorfque la garde fera nombreufe, fe faire aider dans cette infpection par le Commandant & le Major de la place, qui alors verront chacun un rang.

2 9.

LES nouvelles gardes feront conduites aux poftes où elles devront fe rendre, par des Soldats d'ordonnance,

détachés

détachés des anciennes gardes de ces postes, lesquels
Soldats d'ordonnance se trouveront sur la place d'armes
une demi-heure avant que la nouvelle garde y arrive : ces
Soldats d'ordonnance ne seront employés que jusqu'à ce
que tous les postes soient bien connus par les Troupes
de la garnison.

30.

PENDANT que l'Officier général ou le Commandant
de la place fera l'inspection prescrite par *l'article 28,* un
Officier-major de la place rangera les ordonnances des
anciens postes sur une même ligne, à vingt pas des
gardes, & chacune d'elles en face du détachement
qu'elle devra conduire.

Lorsque la garde se rompra, les ordonnances marcheront chacune à quatre pas en avant du détachement
qu'elles conduiront.

31.

CETTE dernière inspection étant faite, l'Officier général
ou le Commandant de la place, ordonnera au Major
de la place, ou à tel Officier qu'il jugera à propos, de
faire charger les armes.

32.

LE Commandant de la place ordonnera ensuite de
faire défiler les gardes ; alors le Major de la place ou
l'Officier désigné par ledit Commandant, fera faire un
roulement, & fera ensuite les commandemens nécessaires
pour faire serrer les rangs, mettre la garde en colonne
& la faire défiler.

33.

SI le terrein ne permet pas aux nouvelles gardes de
se rompre par un seul & même mouvement, chaque
division défilera l'une après l'autre, lorsque l'Officier ou
bas Officier qui la commandera lui fera le commandement, *Marche.*

34.

DÈS que les nouvelles gardes commenceront à défiler,

les Tambours battront *aux champs*, & ils ne cesseront de battre qu'après que la derniere division aura pris le chemin de son poste : le Trompette, qui marchera à la tête de son détachement, sonnera *la marche*, à moins que l'Officier général n'en ordonne autrement.

35.

LORSQU'IL y aura deux Officiers dans la même division, le moins ancien en prendra la queue en défilant ; s'il y a deux Sergens, le premier se placera à la droite du premier rang, & le second à la droite du dernier ; les rangs observeront entr'eux deux pas de distance, & le Tambour, s'il y en a un, marchera sur la droite.

Tous les Commandans des divisions marcheront à la tête de leur division, à deux pas du premier rang.

36.

CONFORMÉMENT à ce qui a été prescrit par l'Ordonnance qui règle l'Exercice, les Officiers & Sergens n'ôteront point leur chapeau en défilant devant l'Officier général ou le Commandant de la place, & ils porteront la tête de son côté.

A l'égard des détachemens de Cavalerie & de Dragons qui monteront la garde à cheval, ils défileront de même sans saluer.

37.

LES gardes, tant en allant de la place d'armes à leur poste, qu'en revenant de leur poste à leurs quartiers, lorsqu'elles descendront la garde, porteront l'arme au bras, & marcheront au pas de route ; les Officiers & bas Officiers qui les conduiront, leur feront observer le plus grand silence & le plus grand ordre : les Officiers supérieurs des corps, veilleront particuliérement à ce que les Officiers & bas Officiers de leur régiment ne se négligent jamais à cet égard.

38.

QUAND un Officier-major de la place verra quelque

Officier ou bas Officier conduire fa troupe en défordre, il en rendra compte fur le champ au Commandant de la place, qui fera punir ledit Officier ou bas Officier à la defcente de la garde.

TITRE II.

Du Service des Gardes dans leurs Poftes.

ARTICLE PREMIER.

LORSQUE la nouvelle garde approchera du pofte qu'elle devra relever, l'Officier ou bas Officier qui la commandera, lui fera porter les armes, & ordonnera au Tambour ou au Trompette, s'il y en a, de battre ou de fonner *la marche*.

2.

LES Officiers ou bas Officiers qui commanderont l'ancienne garde, lui feront prendre auffitôt les armes ou monter à cheval, & la feront ranger de manière qu'elle laiffe fur la gauche, le terrein néceffaire pour que la nouvelle garde puiffe s'y former, le Tambour & le Trompette, s'il y en a, battront & fonneront *la marche*.

3.

LES gardes d'Infanterie qui ne feront compofées que de fix hommes, fe mettront en haie ; celles qui feront compofées de douze, fe formeront fur deux rangs ; celles de dix-huit & au-deffus, fur trois rangs.

4.

LES gardes de Cavalerie & de Dragons, foit à pied ou à cheval, ne feront jamais formées que fur un ou deux rangs.

De quelque nombre d'hommes que foit compofée une garde, elle fera toujours partagée en deux ou quatre divifions, afin que fi les circonftances exigent qu'une garde tire, elle ne fe dégarniffe pas à la fois de tout fon feu.

5.

TOUT Officier, commandant un poſte, ſe placera toujours devant le centre de ſa garde, à deux pas en avant du premier rang; tout bas Officier, commandant un poſte, ſe placera ſur le flanc droit; & s'il y a un Tambour, il ſe placera à la droite de ladite garde.

6.

TOUTES les fois que les gardes prendront les armes ou ſe montreront hors du corps-de-garde, elles ſe rangeront toujours dans le même ordre.

7.

SI les gardes doivent être en haïe, & que le terrein ne permette pas à la nouvelle garde de ſe former à la gauche de l'ancienne, celle-ci ſe placera en avant du corps-de-garde, & y faiſant face à quelque diſtance, pour laiſſer la place à la nouvelle de ſe former entre elle & ledit corps-de-garde.

8.

LES Officiers, Sergens & Maréchaux-des-logis des deux gardes, s'avanceront alors les uns vers les autres, & ceux de la garde deſcendante donneront la conſigne à ceux de la garde montante.

9.

LE Commandant de la nouvelle garde ordonnera enſuite au premier Caporal ou au premier Brigadier, d'aller prendre poſſeſſion du corps-de-garde.

10.

CE Caporal ou Brigadier, ſera nommé le Caporal ou Brigadier de conſigne du poſte.

11.

DANS les petits poſtes qui ſeront commandés par un Caporal, ledit Caporal ſera en même temps le Caporal de conſigne.

12.

LE Caporal ou Brigadier de conſigne de la nouvelle garde, viſitera avec celui de l'ancienne, les corps-de-gardes,

gardes, bancs, tables, vitres, falots, guérites & toutes les autres chofes confignées, pour voir fi elles font en bon état ou s'il y aura été commis des dégradations, auquel cas il en fera rendu compte au Major de la place, qui en avertira le Commandant de ladite place, pour faire réparer lefdites dégradations, aux dépens des Officiers & bas Officiers de la garde defcendante.

13.

LES Caporaux ou Brigadiers de configne feront mis en prifon toutes les fois qu'il fera fait des dégradations aux chofes qui leur feront confignées.

14.

PENDANT que les Caporaux ou Brigadiers de configne vifiteront les corps-de-gardes, le Commandant de la nouvelle garde fera l'infpection des armes.

15.

LES Caporaux & Brigadiers d'un même pofte, partageront entr'eux le temps de leur garde, en forte qu'ils aient un fervice égal à faire entr'eux, foit de jour, foit de nuit; ils règleront pareillement le temps de la garde des Soldats, Cavaliers ou Dragons, de manière qu'ils aient autant d'heures de faction à faire les uns que les autres; & lorfque ce partage ne pourra fe faire exactement, le fort en décidera.

16.

LE Caporal ou Brigadier chargé de pofer les fentinelles, pendant le temps qu'il remplira cette fonction, s'appellera le Caporal ou le Brigadier de pofe; il prendra la configne de celui qui aura fait la pofe précédente, & ils iront enfemble relever les anciennes fentinelles & pofer les nouvelles.

17.

UN Caporal commandant un petit pofte, pourra fe faire aider pour pofer & relever les fentinelles, par l'Appointé ou le plus ancien Soldat.

18.

L'ÉTAT-MAJOR de la place fera dreffer, d'après la

Service des places. . R

préfente Ordonnance, des confignes particulières pour les Commandans, bas Officiers & Sentinelles de tous les poftes, de manière que la garde de la place d'armes n'aie dans fes confignes que ce qui fera relatif à fon fervice, de même que les gardes aux portes, les poftes intérieurs, les poftes extérieurs & les gardes à cheval.

Le Commandant de là place joindra à ces confignes celles qu'il jugera néceffaires pour la fûreté & le bon ordre de la place, & pour les différens cas d'alarmes.

1 9.

LES confignes générales & particulières de chaque pofte, feront par écrit, collées fur une planche & dépofées dans le corps-de-garde du Commandant du pofte, les Commandans des poftes, Caporaux & Brigadiers de configne, fe les configneront fucceffivement de l'un à l'autre.

S'il y a dans la place des régimens étrangers, il y aura des traductions des confignes dans leur langue, qui feront collées fur une planche féparée.

Celles qui concerneront les fonctions des bas Officiers & celles des fentinelles, feront pareillement par écrit, collées fur une planche dans le corps-de-garde des Soldats, Cavaliers ou Dragons, avec la traduction. La dépenfe des unes & des autres fe fera aux dépens de Sa Majefté, fur les ordres des Intendans des provinces.

2 O.

APRÈS que la vifite du pofte aura été faite par les Caporaux ou Brigadiers de configne de la nouvelle & de l'ancienne garde, & qu'ils les auront rejointes, le Commandant de la garde montante défignera les fentinelles de la première pofe ; après quoi il fera le commandement : *Première pofe, en avant.*

A ce commandement, le Caporal ou le Brigadier, & les Soldats, Cavaliers ou Dragons de la première pofe, formeront un rang en avant de la garde, & le Caporal ou Brigadier de pofe les numérotera.

Le Commandant de la garde ayant enfuite ordonné

au Caporal ou au Brigadier, d'aller relever les fentinelles ; ce Caporal ou Brigadier de pofte, & celui de la
garde defcendante, iront enfemble relever lefdites fentinelles dans l'ordre prefcrit par les *articles 48 & fuivans
du préfent Titre.*

21.

LES fentinelles des différentes pofes feront fournies
fur toutes les divifions du pofte.

22.

PENDANT qu'on relèvera les fentinelles, les Commandans des deux gardes vifiteront enfemble les avenues du
pofte, & celui qui relèvera prendra de l'autre tous les
éclairciffemens néceffaires fur les confignes & fur le fervice de fon pofte.

23.

LES Sergens, Maréchaux-des-logis, Caporaux &
Brigadiers qui auront été détachés d'une garde, la rejoindront dès qu'ils auront été relevés.

A leur retour ils rendront compte à l'Officier commandant ladite garde, & feront devant lui l'appel des
Soldats, Cavaliers ou Dragons qui auront été détachés
avec eux.

24.

LE Commandant de l'ancienne garde ayant raffemblé
tous les petits poftes & fentinelles, il les fera rentrer dans
les rangs, & fe mettra en marche, le Tambour ou
Trompette de fa garde battra ou fonnera la *marche*, &
de même celui de la nouvelle garde.

25.

LORSQU'IL fera à environ cinquante pas du pofte,
il fera les commandemens néceffaires pour remettre la
baïonnette dans fon lieu & pour porter l'arme au bras,
ou fi c'eft un pofte à cheval pour remettre le fabre dans
le fourreau, & il ordonnera au plus ancien Sergent,
Maréchal-des-logis, Caporal ou Brigadier, de remener
la garde au quartier du régiment.

26.

LES bas Officiers, commandans des petits poftes, defcendront la garde dans le même ordre, & reméneront eux-mêmes leur détachement au quartier du régiment.

27.

TOUT bas Officier qui ne conduira pas les détachemens de fon régiment dans le meilleur ordre & dans le plus grand filence, fera mis en prifon.

28.

APRÈS le départ de l'ancienne garde, le Commandant de la nouvelle lui fera faire *demi-tour à droite*, & enfuite *haut les armes*, pour les placer par divifion au ratelier des armes du corps-de-garde; fi c'eft une garde de Cavalerie, il fera remettre le fabre dans le fourreau, fera les commandemens néceffaires pour faire mettre pied à terre à fa troupe, & lui ordonnera de mettre les chevaux dans l'écurie du corps-de-garde.

29.

AUSSITÔT que la garde fera rentrée, le Commandant du pofte ira vifiter fes fentinelles; il lira avec foin les confignes générales & particulières données à fon pofte, & il inftruira enfuite les Sergens, Maréchaux-des-logis, Caporaux ou Brigadiers, de tout ce qu'ils auront à faire.

30.

LES Caporaux ou Brigadiers de configne, enverront chercher par des Soldats de la garde, le bois, le charbon & les chandelles qui devront être fournis pour les corpsde-garde : les Soldats tireront entr'eux pour cette corvée : ceux à qui le fort fera échu la feront en veftes & en bonnets, confervant leur giberne pour marque de fervice; mais ils ne porteront jamais le bois ou le charbon fur leurs épaules, devant y avoir toujours dans chaque pofte un brancard, brouette ou panier deftiné à cet ufage, dont la dépenfe fera faite par Sa Majefté fur les ordres des Intendans des provinces.

31.

31.

LES Officiers de garde feront obligés de refter à leur pofte & d'y faire leurs repas, fans pouvoir s'en éloigner, fous tel prétexte que ce foit ; ils ne quitteront point leur épée ni leur hauffe-col, pendant tout le temps qu'ils feront de garde ; les Officiers de Cavalerie ou de Dragons ne quitteront pas leurs bottes.

32.

IL n'y aura dans leur corps-de-garde qu'un fauteuil de cuir & une table, dont la dépenfe fera faite par Sa Majefté fur les ordres de l'Intendant de la province, fans qu'il foit jamais permis d'y faire porter d'autres meubles.

33.

TOUT Commandant d'une garde ne pourra donner à boire ou à manger dans fon pofte à qui que ce foit, qu'à ceux qui feront de garde avec lui.

34.

IL fera pareillement défendu à tout Officier de garde, de jouer dans fon pofte, ou d'y laiffer jouer.

35.

TOUT Officier ou bas Officier, commandant un pofte, veillera pendant la durée de fa garde, fur les Soldats, Cavaliers ou Dragons de fon pofte, pour leur faire remplir tous leurs devoirs ; il fe promènera fouvent au dehors de fon pofte, afin de mieux voir ce qui s'y paffera.

36.

IL fera faire l'appel de fa garde, toutes les fois qu'on relèvera les fentinelles, & plus fouvent, s'il le juge à propos.

37.

IL fera fortir, auffi fouvent qu'il le jugera néceffaire, fa garde avec armes ou fans armes, pour habituer les Soldats, Cavaliers ou Dragons, à fe former promptement, & il punira les plus pareffeux.

38.

IL contiendra sa garde toutes les fois qu'elle sera sous les armes, dans le plus grand ordre & le plus grand silence.

39.

IL ne permettra à aucun Soldat, Cavalier ou Dragon de sa garde, de s'écarter; lesdits Soldats, Cavaliers ou Dragons devant se faire apporter à manger par leurs camarades.

40.

LES Soldats, Cavaliers ou Dragons de garde qui mériteront d'être punis, seront condamnés, pour les fautes ordinaires, à faire les corvées de la garde; & dans les cas graves, le Commandant du poste les fera arrêter, & en rendra compte au Commandant de la place.

Nul Soldat, Cavalier ou Dragon, étant de garde, ne pourra être arrêté sans la participation du Commandant du poste.

41.

LES Commandans des postes de Cavalerie, enverront à l'abreuvoir, aux heures qui seront fixées, mais ils observeront de n'y envoyer jamais qu'une division de la garde à la fois.

42.

IL ne sera jamais posé de vedettes dans l'intérieur d'une place hors les cas indispensables, & la garde à cheval de la place d'armes, fournira devant son poste une sentinelle à pied.

43.

LES sentinelles seront relevées de deux heures en deux heures.

Pendant les fortes gelées, elles seront relevées d'heure en heure, mais le Major de la place en avertira à l'ordre.

44.

AUTANT qu'il se pourra, il ne sera jamais posé de

fentinelle, qu'elle ne puiffe être entendue de fon pofte, & communiquer avec lui directement ou par des fentinelles intermédiaires.

45.

AVANT que les fentinelles partent d'un pofte, le Caporal ou Brigadier de pofe, les préfentera toujours au Commandant du pofte.

46.

CELUI-CI les fera mettre en haie, & s'affurera fi leurs armes font bien amorcées & garnies de pierres bien affujetties.

47.

IL règlera, avant leur départ, les lieux où chacune d'elles devra être pofée; les plus vieux Soldats, Cavaliers ou Dragons feront mis en faction devant les armes & aux poftes avancés, & les Soldats, Cavaliers ou Dragons de recrue dans les poftes voifins de la garde, afin que les Officiers & bas Officiers foient à portée de les inftruire de leur devoir.

48.

LE Caporal ou le Brigadier de pofe, allant relever, portera l'arme fur le bras droit, toutes les fentinelles le fuivront portant leurs armes, fans qu'aucune puiffe prendre un chemin plus court pour aller attendre ledit Caporal ou Brigadier de pofe, aux endroits où elle fauroit devoir être placée.

49.

LE Caporal ou Brigadier de pofe, commencera par la fentinelle de devant les armes, qui feule ne fera pas tenue de le fuivre après avoir été relevée; il ira enfuite relever les fentinelles les plus éloignées, qui après l'avoir été, le fuivront dans l'ordre prefcrit par l'article précédent.

50.

LES fentinelles, en fe relevant, fe préfenteront les armes

l'une à l'autre au commandement qui leur en fera fait par le Caporal ou Brigadier de pofe, & elles fe donneront la configne en préfence dudit Caporal ou Brigadier qui s'avancera feul pour l'entendre donner. Les fentinelles qui ne feront pas encore pofées, ou celles qui feront déjà relevées, s'arrêtant fix pas derrière lui.

§ 1.

LA configne étant donnée, le Caporal de pofe fera les deux commandemens, *portez vos armes, marche ;* au premier de ces commandemens, l'ancienne & la nouvelle fentinelle porteront leurs armes; & au fecond commandement, le Caporal de pofe & l'ancienne fentinelle rejoindront les autres pour continuer la pofe fi elle n'eft pas finie, ou pour retourner au pofte en cas qu'elle le foit.

§ 2.

LE Caporal ou Brigadier de pofe examinera en pofant les fentinelles, fi dans les guérites ou à côté il n'aura pas été mis des pierres pour s'affeoir, & fi les fenêtres des guérites ne font pas bouchées, auxquels cas il fera ôter lefdites pierres, déboucher les fenêtres, & en rendra compte au Commandant du pofté, afin que la fentinelle qui fera trouvée en faute foit punie.

Le Caporal ou Brigadier de pofe rendra toujours compte, en arrivant de fa pofe, au Commandant du pofte, & lui préfentera les anciennes fentinelles.

§ 3.

LES fentinelles ne fe laifferont jamais relever ou donner de nouvelle configne que par les Caporaux de leur pofte.

§ 4.

LES fentinelles auront toujours la baïonnette au bout du fufil, fans couvre-platine, ni capucine au baffinet, & elles porteront l'arme au bras ; fe repoferont deffus, & pourront les porter pendant le mauvais temps fous le bras gauche.

55.

LES sentinelles, pendant le temps qu'elles seront en faction, ne pourront jamais quitter leurs armes, pas même dans leur guérite, ni s'asseoir, lire, chanter, siffler ou parler à personne sans nécessité, ni, en se promenant, s'écarter de leur poste à plus de trente pas.

56.

LES sentinelles ne souffriront pas qu'il se fasse aucune ordure ou dégradation aux environs de leur poste.

57.

TOUTE sentinelle qui sera trouvée en contravention sur quelqu'un de ces objets, ou qui manquera à sa consigne, sera mise au piquet pendant huit jours, & punie à la descente de sa garde plus rigoureusement suivant l'exigence du cas.

58.

LES sentinelles s'arrêteront, feront *face en tête* & porteront les armes ; lorsqu'il passera à portée d'elles, soit une troupe, soit des Officiers de tels régimens qu'ils soient, elles présenteront les armes pour les Officiers généraux, pour le Commandant & le Major de la place, & pour les Officiers supérieurs de leur régiment.

59.

LES sentinelles postées sur le rempart, feront face aux personnes qui passeront près d'elles, elles s'arrêteront, porteront ou présenteront les armes dans cette position.

60.

LES sentinelles présenteront les armes pendant la nuit quand les rondes & patrouilles passeront, & quand elles croiront devoir se mettre en état de défense.

61.

LES sentinelles qui seront posées aux magasins à poudre, feront faction avec une hallebarde, & poseront leurs armes dans la guérite.

Service des places. . T

'A cet effet, le Garde d'Artillerie fournira, sur l'ordre du Commandant de la place, deux hallebardes pour chaque magasin à poudre; une restera au corps-de-garde, & y sera tenue en état par les Soldats de la garde; elle servira pour remplacer celle de la sentinelle, lorsqu'elle aura besoin d'être éclaircie.

S'il n'y a pas d'hallebarde dans l'arsenal, on leur fournira d'autres armes de longueur & de défense.

62.

LES sentinelles se tiendront fort alertes à observer, du plus loin qu'elles pourront, tout ce qui se passera à portée de leur poste; pour cet effet, elles ne resteront dans leur guérite que pendant les mauvais temps, & même alors elles en sortiront toutes les fois qu'elles verront s'approcher d'elles, pendant le jour, un Officier général ou supérieur, & pendant la nuit une Troupe telle qu'elle soit.

63.

LORSQU'UNE sentinelle verra ou entendra quelqu'un en querelle auprès de son poste, elle criera *à la garde;* cet avertissement passera de sentinelle en sentinelle, jusqu'au poste, qui enverra plusieurs Fusiliers aux ordres d'un bas Officier, pour arrêter les querelleurs.

64.

SI les sentinelles aperçoivent quelqu'incendie, elles crieront, *au feu;* cet avertissement passera de sentinelle en sentinelle jusqu'au poste, dont le Commandant se conformera à ce qui est réglé par les *articles 105 & 106 du présent Titre.*

65.

LES sentinelles posées devant les armes, avertiront promptement lorsqu'elles apercevront un Officier général, le Commandant de la place ou autre, pour lequel la garde devra prendre les armes ou se montrer hors du corps-de-garde.

66.

QUAND la garde devra prendre les armes, la sentinelle criera *aux armes ;* & quand la garde devra sortir sans
armes, la sentinelle criera, *hors la garde ;* alors les Soldats,
Cavaliers ou Dragons sortiront promptement du corps-
de-garde.

67.

LES sentinelles qui garderont un magasin tel qu'il soit,
n'y laisseront entrer personne qu'après en avoir averti le
Caporal de garde, & qu'après que le Commandant du
poste aura examiné si les personnes qui demandent à
entrer dans le magasin sont réellement chargées d'en
prendre soin.

68.

LES sentinelles ne se laisseront jamais approcher de
trop près par qui que ce soit, & particulièrement pendant
la nuit ; pour cet effet, elles feront passer alors, autant
que cela sera possible, les allans & venans du côté opposé
à celui où elles seront posées.

69.

LORSQUE la nuit sera fermée, les sentinelles crieront
d'une voix forte, *qui vive*, & elles ne laisseront passer
personne, qu'il ne leur ait été répondu de façon à se faire
connoître.

70.

SI après qu'une sentinelle aura crié trois fois *qui vive*,
on continue de s'approcher d'elle sans répondre, elle
criera *halte-là*, & avertira en même-temps qu'elle va tirer ;
& si malgré cet avertissement on continue de s'avancer
pour vouloir la forcer, elle tirera & appellera la garde.

71.

LES sentinelles qui seront placées sur les remparts,
n'y laisseront passer pendant la nuit, absolument que les
rondes & les patrouilles.

72.

LORSQUE la sentinelle d'un poste apercevra une ronde ou une patrouille, elle criera, *qui vive ;* & lorsque cette ronde ou patrouille se sera annoncée, elle criera, *Caporal hors la garde, ronde* ou *patrouille,* en expliquant, si c'est une ronde, l'espèce dont elle sera.

Le Caporal sortira alors du corps-de-garde, se faisant éclairer par un Soldat, s'avancera à la sentinelle qui sera devant les armes, criera, *qui vive ;* lorsqu'on lui aura répondu, & qu'il aura reconnu la ronde ou patrouille, il criera, *avance qui a l'ordre,* présentera ses armes pour se mettre en défense contre celui qui s'avancera, en recevra le mot ; & si c'est celui qui a été donné à l'ordre de la place, il laissera passer la ronde ou patrouille.

73.

LORSQU'UNE sentinelle aura commis quelque faute qui méritera punition, elle sera punie à la descente de la garde, conformément à *l'article 57 du présent Titre ;* si la faute est grave, elle sera relevée sur le champ & arrêtée par ordre du Commandant du poste : Sa Majesté défendant à tout Officier ou bas Officier, sous peine d'être cassé, de les frapper ou insulter pendant leur faction.

74.

S'IL arrivoit qu'un bourgeois ou habitant insultât ou frappât une sentinelle, le Commandant de la place le fera mettre en prison, & en rendra compte à Sa Majesté, qui ordonnera de sa punition.

75.

LES Commandans des postes emploieront toujours pour les ordonnances, rapports ou reconnoissances, les Soldats, Cavaliers ou Dragons les plus intelligens de la garde, & ceux-ci s'en acquitteront avec la plus grande diligence & exactitude.

76.

LES Commandans des gardes aux portes, ne laisseront

entrer

entrer aucun Soldat, Cavalier ou Dragon, autre que de la garnifon, fans s'être fait repréfenter fon congé; ils feront arrêter tous ceux qui fe préfenteront fans en être munis, & ils en rendront compte fur le champ au Commandant de la place.

77.

ILS feront arrêter pareillement tous les bas Officiers, Soldats, Cavaliers & Dragons de la garnifon qui fe préfenteront pour fortir de la place, fans être munis d'une permiffion dans les formes, ou fans être conduits par des Officiers.

78.

ILS ne laifferont entrer dans la place aucuns étrangers, fans qu'ils aient été interrogés par le Configne de la porte, pour favoir qui ils font, d'où ils viennent, où ils vont, où ils comptent loger, & s'ils doivent y refter long-temps : lorfqu'il n'y aura point de confignes aux portes, ils tiendront regiftre de leurs réponfes & fe conformeront à ce qui eft prefcrit par les *articles 5 & fuivans du Titre* 19.

79.

LESDITS étrangers feront enfuite conduits par un ou deux Fufiliers, fuivant leur nombre, à l'Officier de garde fur la place d'armes.

80.

LORSQUE ces étrangers feront d'une certaine confidération, ils ne feront point conduits par des Fufiliers, foit chez le Commandant de la place, foit au corps-de-garde de la place, les Confignes des portes, ou à leur défaut les Commandans des gardes auxdites portes, drefferont fur le champ un billet, par lequel ils annonceront l'arrivée de ces étrangers & le lieu où ils devront loger, lequel billet fera envoyé auffitôt, par un Soldat de la garde, audit Commandant de la place.

Service des places.   V

81.

Les Commandans des avancées ou portes, ne laiſſeront entrer dans la place aucun mendiant, à moins qu'il ne ſoit avoué ou muni de paſſeports.

82.

Dès que la ſentinelle de l'avancée découvrira une troupe, elle appellera la garde qui prendra les armes ſur le champ, & fermera la première barrière.

83.

Lorsque ladite troupe ſera à environ trois cents pas du glacis ou de la barrière, le Commandant du poſte l'enverra reconnoître, par quatre Fuſiliers avec un bas Officier, lequel s'avancera juſqu'à trente pas en avant des ſentinelles; & lorſque la troupe qu'il voudra reconnoître ſera à portée de l'entendre, il fera faire *haut les armes* à ſes Soldats, & criera, *qui vive :* lui ayant été répondu *France,* il criera, *de quel régiment,* & quelque réponſe qui lui ait été faite, il criera, *halte-là ;* ſi après l'avoir répété une troiſième fois, la troupe avançoit toujours, il fera faire *feu* ſur elle, & ſe retirera derrière la première barrière, qu'il fermera, & il y tiendra ferme, pendant ce temps-là l'Officier de garde fera promptement lever les ponts, & détachera la moitié de ſa garde ſur le rempart, pour faire *feu* & protéger ſon avancée.

84.

Si au contraire ladite troupe s'arrête, ledit bas Officier, quand bien même elle ſe feroit dite un régiment, bataillon ou toute autre troupe, s'avancera ſeul pour la reconnoître encore de plus près, ne devant ſe fier à cet égard, ni à l'uniforme, ni aux autres marques diſtinctives, & mènera le Commandant de ladite troupe au Commandant de ſon poſte, lequel examinera alors lui-même ledit Officier, le gardera à ſon poſte, & rendra compte par écrit au Commandant de la place, la troupe arrivante reſtant cependant toujours arrêtée en dehors de la première barrière, jusqu'à ce que le Commandant de la place ait envoyé un Officier-major de la place, ou un ordre par écrit, pour faire entrer cette troupe ; le Commandant du poste tiendra sa garde sous les armes, jusqu'à ce que ladite troupe soit passée.

Le Commandant d'une place prendra cependant les précautions nécessaires pour faire rentrer sans retard les Troupes de la garnison qui seroient sorties pour les exercices, conformément à ce qui est prescrit par *l'article 5 du Titre 22.*

85.

LES Tambours, Timbaliers & Trompettes des Troupes qui entreront dans une place, battront & sonneront *la marche* dès les postes avancés ou la première barrière, & de même les Tambours ou Trompettes des gardes, devant lesquels elles passeront.

86.

S'IL se présente aux portes, des Tambours ou Trompettes venant des ennemis, le Commandant du poste les fera entrer sur le champ dans le corps-de-garde de l'avancée, & en rendra compte au Commandant de la place, qui enverra aussi-tôt un Officier-major pour traiter avec eux des objets qui les amèneront, sans souffrir qu'ils entrent dans la place, ni qu'ils parlent à qui que ce soit.

87.

LORSQU'IL s'y présentera des Déserteurs des troupes des Puissances voisines ou ennemies, on ne souffrira point qu'ils parlent à personne, & ils seront conduits aussitôt chez le Commandant de la place : en temps de guerre & dans les places frontières de l'ennemi, les Déserteurs seront toujours désarmés avant d'être introduits dans la place ; & s'ils arrivent en trop grand nombre, les Commandans des postes les feront rester à la première barrière, & enverront avertir sur le champ le Commandant de la place.

88.

LORSQU'IL se présentera des voitures couvertes pour entrer dans la place, & qu'elles paroîtront suspectes, elles seront visitées par le Consigne de la porte, avec un Caporal & quelques Fusiliers, pour examiner si elles ne renferment rien qui tende à surprise.

89

AVANT de laisser entrer aucune voiture, la sentinelle de la barrière, criera *arrête là-bas,* ce qui sera répété de sentinelle en sentinelle jusqu'à celle de la porte de la place ; cette dernière sentinelle empêchera alors toute voiture de sortir, & s'il n'y en a point entre les portes, elle criera *marche,* ce qui sera répété de sentinelle en sentinelle jusqu'à celle de l'avancée, qui fera défiler les voitures de distance en distance, de manière que tous les ponts ne soient point embarrassés en même temps, & que l'on en puisse toujours lever un en cas de besoin.

90.

SI quelque chariot venoit à casser sur les ponts, le Commandant du poste feroit aussitôt lever les autres ponts & prendre les armes à sa garde, jusqu'à ce que ledit chariot ait été retiré.

91.

LES sentinelles ne souffriront point qu'aucune voiture s'arrête entre les portes ni sur les ponts-levis ou sous les orgues, grilles ou herses ; & elles empêcheront aussi de trotter ou galoper sur les ponts-levis.

92.

PENDANT que les voitures du dehors entreront, la sentinelle de la porte fera ranger les voitures qui se présenteront pour sortir, de manière qu'elles n'embarrassent point le passage.

Lorsque toutes les voitures arrivantes seront passées, ladite sentinelle criera à son tour, *arrête ;* cette parole étant passée à la sentinelle de l'avancée, elle répondra *marche ;*

alors

alors la fentinelle de la porte fera mettre en marche les voitures qui voudront fortir, avec les précautions ci-deſſus détaillées.

93.

LES Commandans des gardes aux portes & aux avancées, ſe conduiront pour l'ouverture & la fermeture des portes, comme il eſt preſcrit aux *articles 11 & ſuivans du Titre 12.*

94.

LA garde d'Infanterie de la place d'armes, fera principalement chargée de la police de la place ; on renverra à fon poſte tous les étrangers, gens ſans aveu, & les Soldats ou habitans faiſant du déſordre.

95.

L'OFFICIER commandant cette garde, interrogera tous les étrangers qui lui ſeront envoyés, & fera conduire chez le Commandant de la place tous ceux venant des terres d'une autre domination, ou y allant.

Quant aux autres, ledit Commandant de la place pourra, s'il le juge à propos, charger l'Officier de garde ſur la place d'armes, de les examiner & de les laiſſer paſſer s'il lui paroît qu'on puiſſe le faire ſans inconvénient, ſinon de les faire conduire chez le Major de la place.

96.

DÈS que les portes auront été fermées, les Caporaux poſeront les ſentinelles d'augmentation pour la nuit, dans les poſtes qui leur auront été marqués.

Ils les inſtruiront avec exactitude de ce qu'ils auront à faire, & viſiteront les autres ſentinelles pour leur faire répéter leur conſigne.

97.

LES Commandans des poſtes de l'intérieur de la place, enverront immédiatement après la fermeture des portes, ſur la place d'armes, un bas Officier de leur garde, pour prendre le mot au cercle, où il se placera suivant le rang de son régiment.

98.

Si le poste est commandé par un bas Officier, ce sera le Caporal ou Brigadier qui ira à l'ordre, & s'il est commandé par un simple Caporal ou Brigadier, ce sera un Appointé ou un Carabinier.

99.

Les postes extérieurs recevront le mot d'un Officier-major de la place, avant la fermeture des portes.

Ceux qui seront éloignés, enverront à l'avancée de la porte la plus voisine de leur poste, un bas Officier, pour le recevoir dudit Officier-major.

100.

Tous les Commandans des postes redoubleront de vigilance pendant la nuit, pour que les poses, patrouilles & factions, soient faites avec exactitude.

101.

Aussitôt que les portes seront ouvertes, les Caporaux retireront les sentinelles d'augmentation qu'ils auront posées pendant la nuit, & feront nettoyer & balayer le corps-de-garde, le dessous des portes, les ponts & les environs de leurs postes; ces corvées seront faites par les Soldats, Cavaliers ou Dragons, qui tireront au sort à cet effet.

102.

A neuf heures du matin, les Caporaux & Brigadiers de consigne de tous les postes, porteront chez le Major de la place les registres & les boîtes des rondes & patrouilles, avec le rapport par écrit, signé du Commandant du poste, de tout ce qui aura pu y arriver pendant la nuit ou à l'ouverture des portes.

Quand lesdites boîtes & registres auront été vérifiés par ledit Major, les Caporaux de consigne les porteront au corps-de-garde de la place d'armes, les remettront au

Caporal de configne de cette garde, & retourneront fur
le champ à leurs poftes.

103.

U NE heure avant que les gardes défilent de la place
d'armes, tous les poftes enverront fur ladite place un
Soldat d'ordonnance, qui fera placé à la parade comme
il a été dit à *l'article 30 du Titre* 10, & conduira le
nouveau détachement qui devra relever fon pofte.

104.

E N cas d'alarme, toutes les gardes prendront les
armes ou monteront à cheval; fi c'eft pendant le jour,
les Officiers ou bas Officiers de garde aux portes, feront
fermer fur le champ les barrières & lever les ponts-levis
de l'avancée, & en donneront avis au Commandant de
la place.

Toutes les gardes, foit à pied ou à cheval, fe conformeront au furplus, fuivant l'efpèce de l'alarme, aux
confignes particulières qui auront été données à leur pofte.

105.

E N cas d'incendie, le Commandant du premier pofte
où l'on s'en apercevra, enverra fur le champ un Caporal
& deux Soldats, pour voir fi le feu eft dangereux; & s'il
paroît tel au Caporal, il l'enverra dire fur le champ au
Commandant du pofte qui y enverra un autre Caporal
ou un Appointé, & fix hommes ou davantage, fuivant la
force de fon pofte, pour empêcher le défordre & faciliter
les premiers fecours: ils n'en laifferont approcher que ceux
qui porteront des feaux, des pompes, des échelles, des
crocs, ou autres inftrumens pour éteindre le feu.

106.

L E Commandant du pofte en fera avertir en même
temps le Major & le Commandant de la place; il en
fera pareillement avertir le Commandant de la garde de la
place d'armes, qui y enverra fur le champ un détachement
plus ou moins confidérable, fuivant la force de fon pofte

pour le joindre à celui de l'autre garde qui y sera déjà, & empêcher conjointement le désordre ; ces détachemens retourneront chacun à leur poste, lorsqu'il sera arrivé des détachemens de la garnison à l'endroit où sera le feu.

107.

LES Commandans des postes à cheval, se conduiront dans le même cas, ainsi qu'il est prescrit ci-dessus aux postes d'Infanterie, faisant pareillement avertir le Commandant de la place, & de plus le poste d'Infanterie le plus voisin.

108.

LORS des processions, la moitié des gardes se tiendra sous les armes alternativement ; s'il y a un grand concours d'étrangers auxdites processions, on fermera les barrières & on lèvera un pont-levis à chaque porte ; on ajoutera encore à cette précaution de tenir sous les armes toutes les compagnies de Grenadiers.

109.

LES jours de foire & de marché, la moitié des gardes se tiendra alternativement sous les armes, ainsi qu'il est prescrit par l'*article 108*, & chacune d'elle fera des patrouilles continuelles dans les rues voisines de son poste.

110.

A l'égard des gardes à cheval, elles seront placées où le Commandant de la place le jugera le plus utile.

TITRE 12.

De l'Ouverture & de la Fermeture des Portes.

ARTICLE PREMIER.

LES portes des places seront fermées, en temps de paix comme en temps de guerre, une demi-heure après le coucher du soleil ; & elles ne seront ouvertes qu'une

demi-heure

demi-heure avant le lever du soleil, à moins d'une
nécessité absolue.

2.

LES clefs des portes de la place seront entre les
mains du Commandant de la place, & enfermées chez
lui dans un coffre de bois ferré; celles de chaque porte
seront mises dans un sac de cuir, sur lequel le nom de la
porte sera écrit; & les autres clefs, dont on ne fera pas
un usage journalier, seront toutes étiquetées, afin qu'on
puisse reconnoître leur destination au besoin.

3.

A l'égard des clefs des souterrains, poternes, écluses
& des bâtimens du Roi dépendans de la fortification,
elles resteront entre les mains de l'Ingénieur en chef
de la place, chargé spécialement de l'inspection & de la
conservation desdits ouvrages & bâtimens.

4.

SI cependant les poternes destinées aux descentes de
fossés & celles qui pourroient donner entrée dans la
place, n'étoient point masquées en maçonnerie à l'extérieur,
mais seulement fermées par des portes de charpente, les
clefs en seroient remises au Commandant de la place.

Il en sera de même des clefs des estacades ou barrières
d'eau, & des écluses qui serviront de fermeture ou d'entrée
dans la place; mais ledit Commandant ne pourra les
refuser à l'Ingénieur toutes les fois qu'il les lui demandera
pour la manœuvre des eaux, ou pour en faire la visite,
en prenant néanmoins toutes les précautions qu'il jugera
nécessaires pour la sûreté de la place.

5.

UNE heure avant la fermeture des portes, le Tambour
ou le Trompette de la garde montera sur le parapet du
rempart pour y battre ou sonner *la retraite.*

6.

A la même heure, on sonnera une cloche à ce destinée,

pour avertir les habitans, gens de la campagne ou autres paſſagers qui voudront entrer dans la ville ou en ſortir.

7.

Il ſe trouvera, matin & ſoir, chez le Commandant de la place, un Sous-aide-major, ou à ſon défaut un Aide-major de ladite place, pour faire la diſtribution des clefs lorſqu'on viendra les chercher.

8.

Une demi-heure après que la cloche aura ſonné, deux Soldats de chacune des gardes aux portes, & les portiers, s'il y en a, iront chercher les clefs chez le Commandant de la place.

9.

Lorsque l'Officier-major de la place aura remis à ces deux Soldats, ou au portier, les clefs de leur poſte, leſdits Soldats retourneront, ſans perte de temps, à leur poſte, faiſant marcher entr'eux le portier chargé des clefs.

10.

Dans les places où il n'y aura point de portiers établis, un de ces deux Soldats ſera ſans armes, & après qu'il aura reçu les clefs, il retournera de même, ſans perte de temps, eſcorté par l'autre Soldat armé.

11.

En même temps qu'on ira chercher les clefs, le Commandant de la garde à l'avancée, détachera un bas Officier & quatre Fuſiliers pour ſe placer à la première barrière, avec ordre d'examiner encore plus ſoigneuſe-ment que dans le reſte du jour les perſonnes qui pourroient s'y préſenter; ſi le poſte de l'avancée n'eſt pas aſſez conſidérable pour fournir ce petit détachement, ce ſera la garde de la porte qui le fournira.

12.

Les clefs arrivant aux portes, l'Officier fera prendre

les armes à sa garde, & attendra, pour fermer les portes,
l'arrivée de l'Officier-major de la place.

13.

LORSQU'IL sera arrivé, le Commandant portera sa garde près de la porte, la partagera en double haie, fera présenter les armes, & fera avancer deux Fusiliers jusque sur le pont-levis.

14.

IL donnera ensuite à l'Officier-major de la place deux autres Fusiliers pour l'escorte des clefs, celui-ci se portera, avec lesdits Fusiliers, d'abord à la barrière la plus avancée, qu'il fermera à la clef après qu'on aura retiré les sentinelles extérieures.

15.

LORSQUE l'Officier-major de la place passera à portée des Officiers ou bas Officiers commandant les postes du dehors, il leur donnera le mot, ainsi qu'aux ordonnances des postes plus éloignés, qui, conformément à l'*article 103 du Titre 11*, devront se trouver sur son chemin pour le recevoir.

16.

IL fermera ensuite sucessivement, en retournant vers la place, les autres portes & barrières, & fera lever les ponts-levis.

17.

LE Caporal de consigne éclairera avec un falot celui qui fermera les portes.

Il sera détaché de la garde de la porte ou des avancées, des Soldats avec leurs armes en bandoulières, pour aider aux manœuvres nécessaires, & ces Soldats rentreront avec l'Officier-major de la place.

18.

LES Commandans des gardes à qui les portes seront confiées, s'assureront, à mesure qu'on les fermera, que les verroux, ferrures & cadenats foient effectivement bien fermés.

19.

PENDANT tout le temps que durera la fermeture des portes, le Tambour de la garde battra *aux champs* fur le parapet du rempart.

Si cependant on ouvre la porte pendant la nuit, il ne battra point, toute batterie devant ceffer depuis la retraite jufqu'au jour, hors les cas d'alarme.

20.

LES portes étant fermées, les clefs feront reportées chez le Commandant de la place dans le même ordre qu'on les aura été chercher.

21.

ELLES feront mifes fur une table dans l'antichambre, & gardées par les deux Fufiliers qui les auront efcortées, lefquels feront relevés par ceux qui efcorteront les clefs d'une autre porte, & ainfi fucceffivement jufqu'à ce que toutes les clefs étant arrivées, l'Officier-major de la place chargé de les raffembler les faffe renfermer, après avoir vérifié s'il n'en manque point.

22.

S'IL eft befoin d'ouvrir les portes pendant la nuit, on ne les ouvrira qu'en préfence d'un Officier-major de la place, & en prenant les précautions prefcrites ci-après pour l'ouverture des portes.

23.

AU point du jour, tous les Tambours de garde aux portes, monteront fur le parapet, & y battront *la diane*.

Les Trompettes fonneront auffi des fanfares.

24.

UNE demi-heure avant l'ouverture des portes, on ira chercher les clefs, & en attendant leur arrivée, la

garde

garde prendra les armes, & fe placera de la mêmc manière
qu'il a été prefcrit pour la fermeture des portes.

25.

L'Officier de garde fera auffi monter des bas
Officiers fur le rempart, pour écouter & découvrir s'il
ne fe paffe rien dans le dehors de la place.

26.

A mefure que l'Officier - major de la place, fuivi
des gens néceffaires pour ouvrir les portes, & des détachemens commandés pour faire la découverte, paffera
les ponts-levis & barrières pour arriver à la plus avancée,
on relèvera lefdits ponts-levis, & on fermera les barrières
derrière lui.

27.

Lorsqu'il n'y aura point de garde de nuit dans
les ouvrages avancés, le Commandant de la garde de la
porte enverra un petit détachement avec l'Officier-major
de la place.

28.

La garde à cheval de la place d'armes fournira le
nombre de Cavaliers ou Dragons néceffaires pour la
découverte.

29.

Lorsque la Cavalerie ne fournira pas de garde à
cheval, le Commandant fera commander, s'il le juge
néceffaire, des petits détachemens de Cavalerie, de Dragons ou de Grenadiers, pour les découvertes, & il y
aura au corps-de-garde de chaque porte une inftruction
pour les Commandans defdits détachemens.

30.

S'il n'y a point de détachemens commandés pour
ce fervice, le Commandant de la garde de la porte fera,
pour y fuppléer, fortir avec l'Officier-major de la place
un bas Officier & quelques Soldats de fa garde, qu'il
inftruira de ce qu'ils auront à faire.

Service des places. Z

31.

L'Officier-major de la place étant arrivé à la barrière la plus avancée, l'ouvrira & la fermera auſſitôt après que le détachement chargé de la découverte ſera ſorti.

32.

Si lors de cette première ouverture des portes, il ſe préſente des habitans ou autres perſonnes pour ſortir de la place, on ne le leur permettra que ſur un ordre par écrit du Commandant de la place, & on les fera retirer en dedans à trente pas du corps-de-garde. On obligera de même ceux qui ſe préſenteront à la barrière pour entrer, de s'en éloigner à cent pas en dehors, juſqu'à ce que les portes ſoient entièrement ouvertes.

33.

Le détachement qui aura fait la découverte étant de retour, celui qui le commandera rendra compte au Commandant de la garde de la porte par laquelle il rentrera, de ce qu'il aura vû en faiſant ladite découverte ; ſur ſon rapport, après que les hommes & les voitures qui attendront auront été reconnus, les barrières & les portes tant de l'avancée que de la place, ſeront ouvertes & les ponts-levis baiſſés, les gardes reſtant ſous les armes juſqu'à ce que le tout ſoit entré dans la place.

34.

Les jours qu'il fera aſſez de brouillard pour qu'on ne puiſſe pas découvrir à un certain éloignement, on redoublera de précautions pour les reconnoiſſances ; on n'ouvrira pas entièrement les barrières que le brouillard ne ſoit diſſipé, & la moitié de la garde de l'avancée ſe relèvera alternativement près de la première de ces barrières.

TITRE 13.

De l'Ordre & du Mot.

ARTICLE PREMIER.

ON donnera l'ordre tous les jours fur la place d'armes immédiatement après que la garde aura défilé, & le mot fe donnera le foir après la fermeture des portes.

2.

LE mot fera de deux efpèces, l'un de ralliement pour les gardes des poftes extérieurs, & l'autre général pour les poftes dé l'intérieur de la place.

3.

TOUS les Fourriers de l'Infanterie, de la Cavalerie & des Dragons, fe rendront, en même-temps que les nouvelles gardes, fur la place d'armes, dans l'ordre prefcrit par les *articles 85 & 86 du Titre* 21.

4.

CEUX de l'Infanterie s'y formeront en bataille en arrivant vis-à-vis le terrain où devra défiler la nouvelle garde, & derrière le corps des Officiers de leur régiment.

Ceux de la Cavalerie & des Dragons s'y formeront fur un feul rang, vis-à-vis la garde à pied ou à cheval de leur régiment.

5.

LE Major de la place fe rendra à onze heures chez le Commandant de la place, pour prendre les ordres qui feront relatifs au fervice de ladite place.

6.

IMMÉDIATEMENT après que la garde aura défilé, il ordonnera à un Tambour de battre *à l'ordre.*

7.

A ce fignal, tous les Fourriers & Sergens formeront un cercle qui commencera par ceux du plus ancien régiment, & finira par ceux du moins ancien régiment.

8.

LES Caporaux se placeront à quatre pas derrière les Fourriers & Sergens de leur compagnie.

9.

LES Fourriers & Sergens d'un régiment étranger, quoique plus ancien que les régimens françois de la même garnison, prendront dans le cercle la gauche du plus ancien régiment françois.

10.

LES Fourriers de la Cavalerie & des Dragons, formeront leur cercle particulier par régiment.

11.

LE grand cercle de l'Infanterie étant formé, le Major de la place y entrera avec un Officier-major & un Porte-drapeau par régiment, lesquels formeront un petit cercle intérieur autour du Major de la place, en commençant par l'Officier - major du plus ancien régiment françois, & finissant par le Porte-drapeau du moins ancien régiment de la garnison.

12.

LE Major de la place nommera les Officiers de garde, ceux de ronde, de visite d'hôpital & d'autres ser-vices ; il ordonnera le nombre de postes que chaque régiment devra fournir pour la garde de l'intérieur de la place ; il commandera les détachemens pour les postes extérieurs, escortes ou corvées, & il expliquera les ordres particuliers du Commandant de la place ; après quoi il commandera, *rompez le cercle.*

13.

A ce commandement, les Officiers-majors, Porte-drapeaux, Fourriers, Sergens & Caporaux de chaque régiment, rompront le cercle général pour en former un particulier par régiment.

14.

LE Major de la place ayant donné l'ordre au grand

cercle

cercle d'Infanterie, le donnera aux Majors ou Officiers-majors des régimens de Cavalerie & de Dragons, qui le rendront ensuite chacun au cercle particulier de leur régiment.

15.

LE cercle particulier de chaque régiment étant formé, le Major ou l'Aide-major du régiment y expliquera en détail les ordres donnés au grand cercle; il nommera les Officiers ou bas Officiers qui devront être de service, règlera ce que chaque compagnie devra fournir d'hommes ou d'escouades suivant les différens services, indiquera les heures des exercices & des distributions, & donnera les ordres particuliers du Commandant du régiment, après quoi il fera rompre le cercle.

16.

L E cercle étant rompu, le Fourrier de chaque compagnie rendra l'ordre aux Officiers de sa compagnie, lesdits Officiers devant rester sur la place d'armes jusqu'après l'ordre donné; après quoi le Porte-drapeau, Porte-étendard ou Porte-guidon de chaque régiment formera les bas Officiers, & les remènera à leur quartier dans le même ordre qu'il les aura amenés sur la place.

Aussitôt après leur arrivée, les Fourriers donneront l'ordre dans leur compagnie, conformément à ce qui est prescrit par *l'article 91 du Titre* 2 1.

17.

DANS le cas où les Officiers commandés pour quelque service, ne se feroient point trouvés sur la place, les Fourriers, Sergens & Maréchaux-des-logis de leur compagnie, feront tenus d'aller jusqu'à leur logement ou leur auberge pour leur porter l'ordre; & s'ils ne les y trouvent point, ils laisseront par écrit ce qui les concernera, en observant que le Fourrier, & à son défaut un Sergent, doit porter l'ordre au Capitaine.

18.

L'ORDRE fera porté aux Officiers fupérieurs & aux Officiers-majors des régimens, lorfqu'ils n'auront pu fe trouver à la parade, conformément à ce qui eft prefcrit par les *articles 96 & 97 du Titre 21.*

19.

S'IL y a dans la place plufieurs Officiers généraux employés, le Major de la place ne recevra l'ordre que du premier ou du plus ancien, & il l'enverra aux autres, après la fermeture des portes, par un Aide-major de la place ; il l'enverra de même au Commandant de la place & aux Infpecteurs généraux des Troupes : cet Aide-major le laiffera par écrit, cacheté, auxdits Officiers généraux ou Infpecteurs, s'il ne les trouve pas chez eux.

A l'égard des Brigadiers employés, le Major de la place leur enverra le mot par un Sergent de la garde la plus voifine de leur logement.

20.

UNE heure avant la fermeture des portes, le Major & les Aides-major de la place fe rendront chez l'Officier général, ou à fon défaut chez le Commandant de la place; le Major prendra d'abord le mot de ralliement, qu'il diftribuera fur le champ aux Officiers-majors chargés de la fermeture des portes, afin qu'ils le rendent aux poftes extérieurs lors de cette fermeture.

21.

LE Major prendra enfuite le mot de l'ordre pour le diftribuer fur la place d'armes aux bas Officiers de fervice après la fermeture des portes.

22.

LE Major de la place, s'étant rendu fur la place d'armes, ordonnera au Tambour de la garde de battre *à l'ordre.*

23.

A ce fignal, tous les bas Officiers, Appointés &

Carabiniers de garde, formeront un cercle qui commencera par les Sergens & Maréchaux-des-logis du plus
ancien régiment, & finira par l'Appointé ou Carabinier
du régiment le moins ancien.

24.

LORSQUE ce cercle se formera, l'Officier de garde
sur la place d'armes, enverra un Caporal & six Fusiliers
qui se placeront à quatre pas à l'entour du cercle, &
présenteront les armes en dehors.

25.

LE Major de la place entrera alors dans le cercle,
précédé du Caporal de consigne de la garde de la place
d'armes, qui portera un falot pour l'éclairer; il appellera
ensuite à l'ordre, ôtera son chapeau, ainsi que les Sergens,
Maréchaux-des-logis, Caporaux, Brigadiers, Appointés
& Carabiniers, & leur donnera le mot commençant par
le bas Officier du plus ancien régiment, qui le donnera
au bas Officier qui sera à sa gauche, celui-ci au troisième,
& ainsi de suite jusqu'au dernier Appointé ou Carabinier,
qui le rendra au Major de la place.

26.

LORSQUE le mot aura été rendu au Major de la
place, s'il trouve qu'il ait été changé, il le donnera une
seconde fois dans la même forme, ce qui sera répété
autant de fois qu'il sera nécessaire.

27.

LE mot étant donné, le Major de la place commandera, *rompez le cercle :* à ce commandement, tous
les bas Officiers retourneront à leurs postes, porter le
mot au Commandant.

28.

LORSQUE les bas Officiers donneront le mot aux
Officiers, ils le leur donneront à l'oreille, ayant le
chapeau bas, & les Officiers le recevront de même.

29.

LE Major de la place enverra l'ordre & le mot à l'Ingénieur en chef, au Commandant de l'Artillerie & au Commiſſaire des guerres, par un des Sergens de la garniſon, leſquels le leur porteront chacun à leur tour.

TITRE 14.

De la Retraite & des Patrouilles de Police.

ARTICLE PREMIER.

LA retraite générale de la garniſon ſera battue en tout temps, une demi-heure après le mot donné.

2.

TOUS les Tambours ou Trompettes de la garniſon, conduits en ordre par les Tambours-major ou les plus anciens Trompettes de leurs régimens, ſe rendront à cet effet ſur la place d'armes, une demi-heure avant la fermeture des portes.

Lorſqu'ils y ſeront arrivés, ils ſe formeront ſur un ou pluſieurs rangs, & attendront l'heure fixée par l'*article 1.ᵉʳ* pour battre & ſonner la retraite.

3.

TOUS les Tambours commenceront à battre *la retraite* à la fois, au ſignal qui leur en ſera donné par le Tambour-major du plus ancien régiment; ils continueront enſuite de battre depuis la place d'armes juſqu'au quartier de leur régiment.

Les Trompettes la ſonneront enſemble ſur la place d'armes, & au quartier de leur régiment lorſqu'ils y ſeront de retour.

4.

LORSQU'IL y aura des régimens ſuiſſes ou autres régimens étrangers dans la place, les Tambours des

régimens

régimens françois partiront tous enfemble les premiers, & ceux des fuiffes & autres régimens étrangers, féparément à leur fuite.

5.

LES Commandans des places pourront cependant affecter aux Tambours ou Trompettes des différens régimens, des quartiers particuliers, pour y battre ou fonner la retraite ; auquel cas ils partiront tous enfemble de la place d'armes & fe fépareront enfuite pour aller, chaque troupe, au quartier qui lui fera défigné, & ils cefferont de battre à l'endroit qui leur aura été prefcrit.

6.

UNE demi-heure après la retraite, on fera les appels dans les quartiers, cafernes ou logement des Troupes, conformément à ce qui eft prefcrit par les *articles I I I & fuivans du Titre 2 1.*

7.

LA retraite des bourgeois fera fonnée à dix heures du foir, par la cloche du beffroi ou autre à ce deftinée.

8.

UNE heure après la retraite des bourgeois fonnée, les fentinelles ne laifferont paffer perfonne dans les rues, foit Officier ou bourgeois, qu'il ne porte ou faffe porter du feu devant foi.

9.

LE Major de la place commandera tous les foirs à l'ordre des poftes, les patrouilles néceffaires pour parcourir les rues de la place, depuis le commencement de la nuit jufqu'au jour.

10.

LE nombre de ces patrouilles fera réglé par le Commandant de la place, qui leur prefcrira le chemin qu'elles auront à parcourir, obfervant de leur en faire changer fouvent.

11.

CES patrouilles feront tirées des poftes intérieurs de la place, & commandées par un Caporal ou Brigadier,

Service des places.   B b

un Appointé ou un Carabinier ; dès que la retraite des bourgeois fera fonnée, il y aura à chacune des patrouilles de la place d'armes un Sergent de ville ou un habitant.

12.

POUR s'affurer que ces patrouilles feront faites exactement, il leur fera donné des marrons (ou des pièces de cuivre ou de fer-blanc) fur lefquels le numéro & l'heure des patrouilles feront écrits, & lefdites patrouilles feront obligées de les porter & dépofer dans des boîtes, à certains poftes qu'on leur indiquera ; ces marrons feront diftribués à la garde montante & remis au Soldat d'ordonnance de chaque pofte.

13.

DANS chaque corps-de-garde ou autres lieux défignés pour recevoir les marrons des patrouilles, il y aura une boîte deftinée à cet ufage, dont le Major de la place aura la clef, & fur laquelle fera marqué le nom du corps-de-garde ou autre lieu où elle fera dépofée.

14.

LE Caporal de configne de chaque pofte, portera ladite boîte tous les matins, chez le Major de la place, qui vérifiera, au moyen des marrons, fi les patrouilles auront été faites exactement, & rendra compte au Commandant de la place, de celles qui ne l'auront pas été, afin que les Commandans defdites patrouilles foient punis.

15.

CES patrouilles arrêteront toutes perfonnes qui pourroient avoir quelques débats & querelles, & les conduiront chez le Major de la place, qui les fera mettre en lieu de fûreté, fi le cas l'exige, jufqu'à ce que le Commandant de la place en ait ordonné.

16.

ELLES arrêteront pareillement & conduiront au corps-de-garde de la place tous les Cavaliers, Dragons ou Soldats qui feront du défordre, ou qui, après la retraite battue ou fonnée, fe trouveront dans les rues ou dans les cabarets, sans même y faire du bruit, pour être punis le lendemain.

17.

LES bourgeois qui seront trouvés sans feu ou faisant du désordre, seront aussi arrêtés par les patrouilles, & conduits au corps-de-garde de la place d'armes, où ils resteront jusqu'au lendemain matin qu'il en sera donné avis au Commandant de la place, lequel se conformera à ce qui est réglé par les *articles 13 & 14 du Titre 19.*

18.

LES Commandans des patrouilles observeront, tant en allant qu'en revenant, la vigilance des sentinelles postées sur le chemin qu'ils auront à parcourir, & informeront sur le champ le Commandant du poste, & le lendemain le Major de la place, de toutes celles qu'ils auront trouvées en faute.

19.

LORSQUE les patrouilles se rencontreront, la première qui découvrira l'autre, criera, *qui vive;* l'autre répondra, *patrouille,* & de quel régiment; la première s'annoncera ensuite, & si leur chemin est de se joindre, le bas Officier du moins ancien régiment ou de la moins ancienne compagnie, donnera le mot à l'autre.

TITRE 15.

Des Rondes.

ARTICLE PREMIER.

LE Commandant de la place, règlera le nombre & l'espèce des rondes, de manière que chacun des Officiers & Sergens ne soit commandé au plus que tous les quinze jours pour ce genre de service.

2.

IL règlera pareillement les heures où les rondes devront être faites, selon les saisons.

3.

LES Officiers & Sergens des compagnies de Grenadiers, feront exempts de ce fervice.

4.

DANS le temps des congés de femeftre, ou quand les garnifons feront trop foibles pour fournir affez d'Officiers ou de bas Officiers pour les rondes de chaque nuit, on y fuppléera en employant à une partie defdites rondes les Sergens de garde aux poftes commandés par des Officiers.

5.

LES Officiers & Sergens commandés pour faire la ronde, prendront le mot du Sergent ou Maréchal-des-logis du pofte d'où ils devront partir pour la commencer.

6.

LES rondes partiront du pofte qui fera défigné par le Commandant de la place, & feront le tour du rempart en entier, revenant aboutir au pofte d'où elles feront parties.

7.

DANS les places d'une grande étendue, on pourra régler les rondes de manière que chaque Officier ou Sergent ne parcoure que la moitié ou le tiers du rempart: dans ce cas on indiquera le pofte d'où chaque ronde devra partir, & celui où elle devra finir fa tournée.

8.

LES Commandans des places ordonneront, lorfqu'ils le jugeront néceffaire, une ronde de Sergent en même temps qu'une ronde d'Officier ; alors ces deux rondes prendront les deux chemins oppofés, pour fe croifer au milieu de celui qu'elles auront à parcourir.

9.

ILS pourront auffi faire faire des contre-rondes par des Officiers ou des Sergens qu'ils feront partir des poftes intermédiaires.

10. CES

10.

Ces doubles rondes & contre-rondes, n'auront lieu qu'en temps de guerre, ou dans des circonstances extraordinaires.

11.

Le Major de la place tiendra un registre où seront écrits chaque jour le nom & le grade des Officiers de ronde, & les différentes heures qui leur seront échues.

Le nom des Sergens de ronde, & celui de la compagnie dont ils seront, seront aussi inscrits sur le même registre.

12.

Les Officiers & Sergens qui devront faire la ronde, seront commandés à l'ordre immédiatement après ceux qui devront monter la garde le lendemain; savoir, les Officiers & le nombre des Sergens par le Major de la place, & les Sergens par le Major de leur régiment, au cercle particulier dudit régiment.

13.

Les Fourriers des compagnies desquelles on aura nommé à l'ordre des Officiers ou Sergens pour les rondes de la nuit suivante, tireront ces rondes en même temps & de la même manière qu'il a été prescrit pour les postes, à *l'article 5 du Titre* 10.

14.

Il sera en même temps délivré à ces Fourriers autant de marrons, où l'heure de la ronde sera empreinte, qu'il y aura de boîtes sur le chemin que chaque ronde aura à parcourir.

15.

Les Fourriers remettront ensuite aux Officiers & Sergens de leur compagnie, commandés pour la ronde, les marrons qu'ils auront reçus, & y joindront par écrit l'heure à laquelle ils devront faire la ronde, & le poste où ils devront la commencer.

Service des places.   C c

16.

AFIN de s'assurer encore plus si les rondes se font exactement, il y aura des corps-de-gardes désignés, où les Officiers & Sergens de ronde seront tenus de signer leur nom dans un regiftre uniquement deftiné à cet ufage, & qui y fera fourni par le Major de la place.

17.

LES Officiers & Sergens de ronde, obferveront, en fignant fur le regiftre, de ne point laiffer d'intervalle entre leur nom & les noms de ceux qui auront déjà figné, & d'ajouter l'heure de leur ronde.

18.

IL y aura d'autres corps-de-gardes où, indépendamment de leur fignature, ils laifferont un marron.

19.

DANS chaque corps-de-garde ou autres lieux défignés pour recevoir les marrons des rondes, il y aura des boîtes femblables à celles dont on a parlé pour les patrouilles, ces boîtes & les regiftres des rondes, feront portés tous les matins, par le Caporal de configne de chaque pofte, au Major de la place, afin qu'il vérifie fi les rondes auront été faites exactement, pour en rendre compte enfuite au Commandant de la place.

20.

LES Officiers & Sergens commandés pour les rondes, ne les pourront faire qu'à pied.

21.

TOUT Officier de ronde, fera tenu de faire porter un falot devant lui ; il pourra à cet effet fe fervir d'un Soldat du premier pofte où il commencera fa ronde.

22.

LES Sergens de ronde, feront obligés de même de porter un falot qui leur fera fourni avec la chandelle néceffaire, dans le pofte où ils devront commencer à faire leur ronde, & qu'ils feront tenus d'y rapporter lorfqu'elle fera finie.

23.

LES Officiers & Sergens de ronde, fuivront exacte-ment le parapet des ouvrages dans lefquels ils pafferont. Ils examineront fi les fentinelles font bien exactes à leur faction, s'il n'y en a point d'endormies & s'il n'en manque point.

Ils monteront de temps en temps fur le parapet, pour voir ou écouter ce qui fe paffera dans le dehors de la place.

24.

S'ILS découvrent quelque chofe qui intéreffe la fûreté de la place, ils en avertiront fur le champ les poftes voifins, & fe rendront tout de fuite chez le Commandant de la place pour l'en informer; mais fi ce qu'ils auront découvert n'eft que contre le bon ordre & la police, ils préviendront feulement le Commandant du pofte le plus voifin, pour qu'il y foit remédié, & en inftruiront le lendemain par écrit le Major de la place.

25.

LES Officiers & Sergens de ronde, avertiront les Commandans des poftes dont ils auront furpris des fen-tinelles en faute ou en négligence.

26.

TOUTES les fois que les Officiers ou bas Officiers de ronde, devront donner ou recevoir le mot, ils mettront la main fur la garde de leur épée fans ôter leur chapeau.

27.

LORSQUE les rondes fe rencontreront, la première qui découvrira l'autre, criera *qui vive*, l'autre répondra *ronde*, en défignant de quelle efpèce; la première s'an-noncera enfuite, & lorfqu'elles fe joindront, l'Officier du grade inférieur, ou fi le grade eft égal, l'Officier ou le Sergent du moins ancien régiment, donnera le mot.

28.

TOUTES les fois que l'Officier général, Gouverneur, Lieutenant de Roi ou autre Commandant de la place, jugera à propos de faire la ronde, il pourra la faire à cheval, sans être tenu d'en descendre en aucun cas, & il sera escorté par un Caporal & quatre Fusiliers de la garde de la place d'armes, & il aura avec lui un Soldat de la même garde, portant un falot; cette escorte sera relevée successivement de poste en poste.

29.

LORSQU'EN faisant cette ronde, il approchera d'un poste, la sentinelle criera, *qui vive*, & lui ayant été répondu, *ronde du commandant* ou *ronde-major*, il criera, *halte - là*, & il avertira ensuite le Caporal en criant, *Caporal hors la garde*, *ronde du commandant* ou *ronde-major*; le Caporal en avertira aussitôt le Commandant du poste qui fera prendre les armes à toute sa garde, & la formera en haie dans le même ordre qu'elle devra être disposée pendant le jour.

30.

LEDIT Commandant du poste, après avoir fait reconnoître la ronde, s'avancera à dix pas en avant de sa garde, éclairé par le Caporal de consigne, & escorté par quatre Fusiliers qui feront *haut les armes*, & marcheront deux pas en arrière; il criera ensuite, *avance à l'ordre*, & lorsque celui qui fera la ronde se sera approché de lui, il lui donnera le mot en mettant la main sur la garde de son épée, sans ôter son chapeau.

31.

IL en sera usé de même pour les Officiers supérieurs qui feront la visite des postes pendant la nuit, lesquels après avoir répondu au *qui vive*, *Colonel*, *Mestre-de-camp*, *Lieutenant-colonel* ou *Major de service*, seront reçus par les postes comme le Major de la place à sa première ronde.

32.

LORSQUE le Commandant du poste aura donné

le

le mot, il rendra compte à l'Officier général, ou autre
Commandant qui fera la ronde, & lui donnera une
nouvelle escorte, l'ancienne devant alors retourner à
son poste.

33.

LE Major de la place, & à son défaut un Aide-major
fera tous les soirs, après le mot donné, la ronde; observant
de ne jamais la faire à la même heure.

34.

IL pourra faire sa ronde à cheval, sans être obligé
d'en descendre en aucun cas, & fera accompagné par
deux Fusiliers & un Soldat portant un falot, lesquels se
relèveront successivement de poste en poste.

35.

IL vérifiera, en faisant cette ronde, si tous les postes
ont le mot qui aura été donné à l'ordre. Il examinera si
tout est en règle, s'il n'y manque personne, si les sentinelles sont alertes, si elles sont placées où elles doivent
être, & si toute la garde est exacte à remplir ses devoirs;
enfin il se fera rendre compte de tout ce qui se sera passé
depuis la garde montée; & lorsque sa ronde sera finie,
il ira en rendre compte au Commandant de la place.

36.

LORSQUE le Major ou l'Aide-major de la place fera
sa première ronde, appelée *ronde-major*, les Commandans
des postes lui donneront le mot, mais ils ne s'avanceront
que jusqu'à quatre pas en avant de leur garde, & ne seront
accompagnés que de deux Fusiliers, sans cependant
pouvoir se dispenser de faire sortir leur garde, afin que
ledit Major ou Aide-major puisse vérifier s'il ne manque
personne, & si les gardes sont en règle.

37.

SI après la ronde - major, le Major ou l'Aide - major
de la place fait une autre ronde, elle ne sera reçue que

comme une simple ronde, & il donnera lui-même le mot au Caporal.

38.

Les Sergens qui commanderont des postes, y recevront les rondes de la même manière qu'il est prescrit ci-dessus aux Officiers.

39.

Quand les Inspecteurs jugeront à propos de faire la ronde, les Commandans des postes les recevront, ainsi que l'Officier général, Gouverneur, Lieutenant de Roi, ou autre Commandant de la place.

40.

Les postes de Cavalerie & de Dragons se conformeront à l'égard des rondes à tout ce qui vient d'être prescrit pour les postes de l'Infanterie.

TITRE 16.

Du service des Officiers supérieurs des Troupes dans les places.

ARTICLE PREMIER.

Le Commandant de la place fera, quand il le jugera à propos, commander un ou plusieurs Officiers supérieurs des régimens de la garnison, pour faire la visite des postes.

2.

Les Officiers supérieurs rouleront ensemble pour ce genre de service ; le Major de la place observera de commander les Officiers supérieurs d'Infanterie pour faire la visite des postes de l'Infanterie, & ceux de Cavalerie & de Dragons, alternativement, pour faire la visite des postes de Cavalerie & de Dragons.

3.

Les Officiers supérieurs entrant de service, se trou-

veront à onze heures chez le Commandant de la place
pour prendre ses ordres.

4.

ILS se rendront sur la place d'armes à l'heure où les
nouvelles gardes de la garnison s'y rassembleront pour
veiller à ce qu'elles arrivent dans l'ordre convenable, &
les faire ensuite manœuvrer & défiler, si le Commandant
de la place le juge à propos.

5.

ILS feront la visite des postes aux heures indiquées
par le Commandant de la place.

6.

LORSQUE les Officiers supérieurs de service se présenteront devant un corps-de-garde, le Commandant
du poste en fera sortir les Soldats, Cavaliers ou Dragons, pour les former sur un ou plusieurs rangs, selon
que la garde devra être disposée, & reposés sur les armes
ou sur le mousqueton; & il se mettra à leur tête, pendant
que lesdits Officiers supérieurs en feront l'inspection.

Les Officiers supérieurs de Cavalerie pourront demander à voir le poste de Cavalerie à cheval, s'ils le jugent
à propos

7.

LES Officiers supérieurs examineront si tout est en
règle dans le poste, feront faire l'appel, se feront rendre
compte du nombre des sentinelles, verront si elles sont
postées comme elles doivent l'être, ils leur feront répéter
leur consigne en présence du Caporal de pose, ayant
eux-mêmes, pour la vérifier, la consigne générale du
poste.

8.

SI le Commandant de la place ordonne que cette
visite soit faite pendant la nuit, les Officiers supérieurs
qui la feront, prendront le mot de l'Officier commandant le poste d'où ils devront la commencer, &

feront reçus par tous les poftes ; comme le Major de la place à fa première ronde.

9.

LES Officiers fupérieurs rendront compte au Commandant de la place, de ce qu'ils auront remarqué dans la vifite qu'ils auront faite des poftes.

10.

LES Officiers fupérieurs fortant de fervice, veilleront à ce que les anciennes gardes defcendent la garde, & foient ramenées à leur quartier dans l'ordre prefcrit.

11.

LES Officiers d'Artillerie ne pourront faire dans les places, aucune manœuvre ou tranfport d'artillerie, ni aucun reverfement de poudre ou de munition d'un magafin à l'autre, fans en prévenir auparavant le Commandant de la place, mais fans être cependant tenus de lui faire part de la quantité & de l'efpèce d'artillerie ou de munition.

TITRE 17.

Des Détachemens de guerre & Partis.

ARTICLE PREMIER.

LES Gouverneurs ou Commandans des places ne pourront en faire fortir en temps de guerre des détachemens, ni en fortir avec eux, fans la permiffion des Officiers généraux, dans le diftrict defquels lefdites places feront comprifes, hors les cas urgens & particuliers dont ils feront tenus de leur rendre compte fur le champ.

2.

QUAND ils en auront obtenu la permiffion defdits Officiers généraux, ils pourront faire fortir de leur place les détachemens qu'ils jugeront néceffaires, pourvu qu'ils n'excèdent pas le quart de l'Infanterie de leur garnifon.

3.

ILS conferveront la même autorité fur les Troupes

détachées

détachées de leur garnison que si elles étoient dans la
place.

4.

LES Officiers généraux & les Commandans des places, pourront choisir pour commander les détachemens de guerre, les Officiers qu'ils jugeront les plus capables, pourvu que par leur grade ils soient en droit de commander les autres Officiers qui seront détachés avec eux.

5.

LES Commandans de ces détachemens de guerre, se conduiront, pendant tout le temps qu'ils seront hors de la place, suivant l'instruction insérée dans l'Ordonnance du service de campagne.

6.

AUCUN parti ne sortira des places s'il n'est commandé par un Officier, Sergent ou Maréchal-des-logis qui soit porteur d'un ordre pour aller à la guerre, signé d'un Officier général ou du Commandant de la place, & cet ordre sera cacheté de leurs armes.

7.

LES Officiers généraux & les Commandans des places ne donneront point de passeports pour des partis, qu'ils ne soient au moins du nombre d'hommes porté dans les cartels qui seront arrêtés entre les Puissances belligérantes.

8.

ILS ne pourront réclamer les Soldats, Cavaliers ou Dragons de leur garnison, qui auront été pris sans passeports & en moindre nombre qu'il n'aura été convenu par les cartels.

9.

CEUX des garnisons ennemies, qui seront pris dans ce cas, seront mis en prison, & le Commandant de la place en informera sur le champ le Général de l'armée, pour que sur la vérification qui sera faite des cartels conclus avec leurs Puissances, il soit prononcé à leur égard.

1 0.

L E Commandant d'un détachement allant à la guerre, aura foin, avant de fortir de la place, de prendre plufieurs paffeports du Commandant de ladite place, afin que s'il fe trouve obligé de divifer fon détachement, il en puiffe donner un double à celui qui devra commander la troupe qui en fera féparée, & au bas de ce double, il marquera le nombre d'hommes dont ce fecond détachement fera compofé.

1 1.

L E S effets qui auront été pris par les partis fortis des places, ne pourront être vendus qu'après qu'il en aura été dreffé procès-verbal, & que la prife aura été jugée bonne, & cette vente ne pourra fe faire que dans une place de guerre, & autant qu'il fera poffible dans celle dont ce détachement fera forti ; à cet effet, celui qui aura fait une prife, & qui l'aura conduite dans une autre place, pour la mettre à couvert, pourra l'amener dans fa garnifon, lorfque les circonftances le lui permettront.

1 2.

L A vente fe fera à l'encan par le Major de la place, lequel ne pourra faire d'autre retenue fur le produit de ladite vente, que celle du fou pour livre; à la réferve cependant des effets qui feront achetés pour le Roi.

1 3.

L E produit de la vente de la prife, fera partagé entre les Officiers & Soldats du parti, ainfi qu'il fera prefcrit par l'Ordonnance du fervice de campagne.

1 4.

C E U X qui auront vendus dans le plat-pays, les effets prétendus pris fur les ennemis, feront réputés voleurs & punis comme tels; & les particuliers qui auront reçu ou acheté ces effets, feront punis comme receleurs.

TITRE 18.

De l'assemblée des Troupes.

ARTICLE PREMIER.

LORSQUE toute la garnison devra prendre les armes ou monter à cheval, on battra & sonnera d'abord la *générale* & le *boute-selle*, ensuite l'*assemblée* & le *boute-charge*, le *drapeau* & *à cheval*.

S'il n'y a qu'une partie de la garnison qui doive prendre les armes ou monter à cheval, au lieu de la *générale* & du *boute-selle*, on battra & on sonnera *la marche* ou *le premier*.

2.

LORSQUE les Troupes devront border la haie pour les honneurs militaires, elles se rangeront dans l'ordre désigné à *l'article 5 du Titre 27*.

3.

LORSQUE les Troupes prendront les armes pour les exercices & manœuvres générales, elles se conformeront à ce qui est prescrit par le *Titre 22*.

4.

TOUTE troupe d'Infanterie, de Cavalerie ou de Dragons, sera instruite le jour de son arrivée dans une place, du poste qu'elle devra occuper en cas d'alarme.

5.

LES Commandans des places feront, à cet effet, une disposition générale, d'après laquelle seront dressées les instructions particulières pour tous les régimens, gardes & postes de la garnison.

6.

CETTE disposition comprendra les différens évènemens qui pourroient occasionner l'alarme, de manière que les instructions particulières indiquent les différences relatives à chacun de ces cas, & que les troupes fachent parfai-tement ce qu'elles auront à faire.

7.

L'ALARME, de telle efpèce qu'elle foit, fera reconnue par la *générale* battue à l'improvifte, chaque régiment fe rendra, alors fans perte de temps, au lieu qui lui aura été indiqué par fon inftruction, & y attendra les ordres du Commandant de la place.

Les poftes exécuteront ce qui leur eft prefcrit par les *articles 104 & fuivans du titre* 11, & ce qui leur fera indiqué plus particulièrement dans les inftructions du Commandant de la place.

8.

S I toute l'Infanterie doit border le rempart, les ré-gimens fe rangeront par ancienneté, le premier ayant la droite, le fecond la gauche, & ainfi des autres.

9.

DANS quelque cas que ce foit, les régimens étrangers ne prendront rang qu'après le plus ancien régiment françois de la garnifon, quand même ledit régiment feroit moins ancien qu'eux.

10.

LES Commandans des places feront, quand ils le jugeront à propos, battre la *générale* à l'improvifte, foit de jour ou de nuit, pour juger de l'effet de la difpofition générale ordonnée par *l'article 5*, & de la promptitude des troupes à l'exécuter.

TITRE 19.

De la police des Places.

ARTICLE PREMIER.

QUI que ce foit ne pourra faire battre de ban militaire dans une place, fans la permiffion de celui qui y com-mandera.

Quant

Quant aux bans de la police civile, les Magiftrats pourront les faire publier auffitôt qu'ils en auront fait avertir le Commandant de la place.

2.

HORS le cas d'incendie, il ne fera jamais fait dans les places aucune affemblée & publication au fon de la cloche, du tambour ou de la trompette, que le Commandant de la place n'en ait été averti par les Officiers municipaux; mais le Commandant n'y pourra former aucun obftacle, à moins que le fervice de Sa Majefté n'y foit intéreffé, auquel cas il en rendra compte fur le champ au Commandant de la province, & au Secrétaire d'État ayant le département de la guerre.

3.

IL ne pourra être établi aucun fpectacle dans une place, fans que le Commandant en foit averti, afin qu'il puiffe prendre les précautions néceffaires pour y établir le bon ordre.

Les bourgeois & autres habitans qui troubleront la tranquillité defdits fpectacles, ou qui ne s'y comporteront pas avec décence, feront arrêtés par les gardes prépofés à cet effet, & remis fur le champ aux juges ordinaires, pour être punis.

4.

LES Confignes des portes tiendront un regiftre de tous les étrangers qui entreront dans la place, & exigeront de ces étrangers d'écrire eux-mêmes, autant qu'il fera poffible, fur une feuille féparée, leur nom, leur qualité, leur grade, leur état, & l'auberge ou maifon particulière où ils compteront loger.

5.

TOUS aubergiftes, cabaretiers & autres habitans des places, de quelque qualité & condition qu'ils foient, feront tenus de faire remettre chaque foir, après la fermeture des portes, chez le Commandant de la place, la déclaration des étrangers qui seront arrivés chez eux, & y marqueront le temps qu'ils devront rester, au cas qu'ils y séjournent.

6.

Il y aura à cet effet, à la porte du Commandant, près de la sentinelle, une boîte en forme de tronc, fermant à clef, dans laquelle les habitans remettront lesdites déclarations.

7.

Les Consignes remettront pareillement dans ladite boîte, chaque soir après la fermeture des portes, un état des étrangers qui seront entrés pendant le jour, extrait de leur regiftre & des feuilles séparées, fur lefquelles lefdits étrangers auront écrit leur dépofition.

8.

Une heure après la retraite, cette boîte fera retirée & ouverte par un Officier-major de la place, qui confrontera les liftes des confignes & les déclarations des particuliers, & en dreffera un état qu'il remettra au Commandant de la place.

9.

Les bourgeois, marchands, cafetiers ou cabaretiers & artifans qui feront crédit aux bas Officiers, Soldats, Cavaliers & Dragons, fans un billet du Major du régiment, perdront leur dû; indépendamment de quoi, il fera mis une fentinelle devant leur porte ou boutique, afin d'en empêcher l'entrée aux bas Officiers, Soldats, Cavaliers & Dragons, pendant autant de jours que le Commandant de la place jugera à propos.

Il en fera ufé de même pour les cabaretiers qui donneront à boire aux Soldats, Cavaliers & Dragons, après la retraite.

10.

Qui que ce foit, n'ira ni n'enverra au-devant des payfans & autres perfonnes qui apporteront des vivres dans la place, foit pour les prendre, en les taxant arbitrairement, foit pour les choifir en les payant de gré à gré, ne pouvant les acheter qu'ils ne foient arrivés fur le marché; & lorfque le marché fera ouvert, les Troupes & les habitans, fans aucune préférence, auront la liberté d'acheter en même temps ce qui leur conviendra.

II.

LES bourgeois qui contreviendront à cette défenfe, feront punis fuivant les Ordonnances de police.

Quant aux Soldats, Cavaliers, Dragons & valets d'Officiers, qui tomberont dans le même cas, ils feront punis comme il eft prefcrit par les *articles 25 & 26 du Titre 20.*

I2.

LES gardes aux portes, prêteront main-forte aux Prépofés de la police, lorfqu'ils en feront par eux requis, pour l'exécution des deux articles précédens.

I3.

LES bourgeois & autres habitans qui feront trouvés dans les rues une heure après la retraite des bourgeois fonnée, fans feu ou faifant du défordre, feront conduits au corps-de-garde de la place d'armes, où ils refteront jufqu'au lendemain matin, que le Commandant de la place les renverra, favoir ceux qui auront été arrêtés fans feu, chez eux; & ceux faifant du défordre, au pouvoir des Juges ordinaires, pour être punis fuivant les ordonnances de police.

I4.

SI le défordre ou le délit commis par lefdits bourgeois & autres habitans, intéreffe la fûreté de la place, ou le fervice de Sa Majefté, le Commandant les retiendra en prifon, & en rendra compte au Commandant de la province & au Secrétaire d'État ayant le département de la guerre.

I5.

LES Commandans des places veilleront avec la plus

grande attention, à ce que les troupes ne jouent aucun jeu de hafard; & ils prendront à cet effet les mefures prefcrites par *l'article 28 du Titre 20.*

16.

ILS s'informeront des bourgeois ou autres habitans qui donneront à jouer dans leurs maifons à des jeux défendus, les feront arrêter & remettre aux Juges des lieux, pour les punir fuivant l'exigence des cas.

Si les contrevenans font des gens notables & qualifiés, les Commandans des places les feront avertir la première fois, & en cas de récidive ils en informeront le Secrétaire d'État ayant le département de la guerre, pour qu'il en foit rendu compte à Sa Majefté.

17.

TOUTE femme ou fille débauchée, qui fera furprife avec des Soldats, Cavaliers ou Dragons, fera arrêtée par le premier Officier qui en fera inftruit, lequel en informera auffitôt le Commandant.

18.

SI ces femmes ou filles font domiciliées dans la place, le Commandant, fans leur infliger aucune peine, les fera remettre au Juge royal du lieu, pour être punies fuivant les règlemens de police.

19.

SI elles font étrangères & fans aveu, le Commandant de la place les fera mettre en prifon pendant trois mois, au pain & à l'eau, pour être enfuite renfermées dans la maifon de force la plus voifine, fur les ordres des Intendans des provinces, que Sa Majefté autorife d'ordonner leur liberté, lorfqu'après avoir été détenues le temps fuffifant, il y aura lieu de croire qu'elles feront corrigées; enjoignant Sa Majefté aux Intendans de donner des ordres pour les faire guérir des maladies dont elles pourroient être attaquées, avant de les faire conduire dans les maifons de force; toutes les dépenfes que ces filles occafionneront,

feront

feront payées par l'extraordinaire des guerres, fur les ordonnances des Intendans des provinces.

Si ces femmes ou filles, après avoir été mifes en liberté, font reprifes de nouveau, elles feront alors renfermées de même pour être détenues un temps plus confidérable que la première fois, & employées, dans lefdites maifons de force, aux plus vils & laborieux emplois.

20.

DANS aucun cas, les femmes ou les filles débauchées, ne feront paffées par les verges, ni expofées fur le cheval de bois.

21.

LES Commandans des places, ne pourront faire conferver la chaffe aux environs de la ville, ni y chaffer eux-mêmes, ou permettre aux Officiers de leur garnifon d'y chaffer, s'il n'a été rendu une Ordonnance en leur faveur, pour leur accorder une réferve, en fixer l'étendue & les bornes.

22.

LESDITS Commandans des places ne pourront pareillement pêcher, faire pêcher, ni permettre à qui que ce foit de leur garnifon, de pêcher dans les rivières & étangs des environs de leur place.

TITRE 20.

De la difcipline & police des Troupes dans les Places.

ARTICLE PREMIER.

LES Commandans des régimens qui compoferont la garnifon d'une place, rendront compte de tous les objets relatifs au fervice, au Commandant de la place; le

Commandant de la place, à l'Officier général qui commandera dans le département ; l'Officier général, au Commandant de la province ; & le Commandant de la province, au Secrétaire d'État ayant le département de la guerre.

2.

CETTE manière de rendre compte, ne fera interrompue que par l'abfence de quelqu'un des Officiers nommés à *l'article ci-deffus*, & dans les cas extraordinaires qui demanderont une prompte décifion.

3.

LES Colonels, Meftres-de-camp & autres Commandans des Corps, feront furbordonnés, & obéiront à l'Officier général dans le diftrict duquel fera leur régiment, & lui rendront compte de tout ce qui s'y paffera concernant la difcipline, les exercices, la fubordination, & enfin de tout ce qui fera relatif au bien du fervice.

4.

SI l'Officier général, dans le diftrict duquel fera un régiment, ne fe trouve pas préfent avec lui dans le même lieu, le Commandant de ce régiment lui rendra compte par écrit, le 1.er de chaque mois, de tout ce qui fe fera paffé dans le corps pendant le mois précédent.

5.

LE Commandant de chaque régiment, rendra pareillement compte de tous les détails relatifs à l'infpection de fon régiment, à l'Infpecteur général qui en fera chargé, quand même il feroit abfent.

6.

LA fubordination fera établie de grade en grade dans tous les régimens, conformément aux *articles 2, 3 & fuivans du Titre 21*. Les Commandans des provinces & Officiers généraux, rendront compte au Secrétaire d'État ayant le département de la guerre, des Colonels, Meftres-de-camp, Lieutenans-colonels & Majors, qui fouffriront qu'on s'en écarte.

7.

LES Commandans des troupes d'Infanterie, de Cavalerie & de Dragons, étant en garnison dans les places, ne pourront les assembler, leur faire prendre les armes, ni les faire monter à cheval, en tout ou en partie, & pour quelque objet que ce soit, sans la permission du Commandant de la place.

8.

ON ne pourra, sans la même permission, faire recevoir aucun Officier, ni bas Officier, ni publier aucune Lettre de casse.

9.

LES Ingénieurs & les Officiers d'Artillerie, dont les fonctions s'étendent hors de la place de leur résidence ordinaire, ne pourront s'en absenter sans en prévenir le Commandant de ladite place, lequel ne pourra ni les obliger de s'expliquer sur les motifs de leur absence, ni leur rien prescrire sur le temps de leur retour; mais ils ne pourront s'absenter un seul jour hors du terrain de l'étendue de leurs fonctions, sans en avoir obtenu la permission, savoir; les Officiers de l'Artillerie, du Commandant en chef de l'Artillerie; & les Ingénieurs, du Commandant du Génie.

10.

NUL Officier de la garnison, ne pourra s'en absenter, ne fût-ce que pour une nuit, sans la permission du Commandant de la place, qui ne la donnera que sur la demande du Commandant du régiment, quand bien même l'Officier seroit de semestre, ou qu'il auroit obtenu un congé de Sa Majesté.

11.

LE Commandant de la place ne pourra, sous tel prétexte que ce soit, accorder aux Officiers qui n'auront pas obtenu de congé de la Cour, la permission de s'absenter de la place pour plus de deux nuits.

1 2.

LES Commandans des provinces, pourront, fur la demande des Officiers généraux employés, ou à leur défaut, des Commandans des places, accorder des permissions de s'abfenter aux Capitaines & autres Officiers qui feront en garnifon dans les places de leur commandement, mais feulement pour huit jours, & à un Capitaine, un Lieutenant & un Sous-lieutenant feulement à la fois, de chaque bataillon ou de chaque régiment de Cavalerie ou de Dragons, & pourvu qu'ils ne foient pas de la même compagnie.

1 3.

LA demande de ces permissions fera toujours faite aux Officiers généraux ou Commandans des places, par les Commandans des corps.

1 4.

LES permissions de s'abfenter, qui auront été ainfi accordées aux Officiers, ne pourront les autorifer à fortir de l'étendue de la province où ils feront en garnifon.

1 5.

LES Officiers qui auront été abfens, iront, à leur retour, rendre compte de leur arrivée au Commandant de leur régiment, qui en informera le Commandant de la place.

1 6.

LEDIT Commandant fera mettre en prifon les Officiers qui n'auront pas rejoint exactement leur corps à l'expiration des congés ou permissions qu'ils auront obtenus, & les y tiendra autant de jours qu'ils en auront manqué à fe rendre à leur devoir; fi ce terme excède celui de quinze jours, il en fera rendu compte, fur le champ, au Secrétaire d'État ayant le département de la guerre, & au Commandant de la province.

1 7.

AUCUN Capitaine ne pourra permettre à un bas
Officier

Officier, Soldat, Cavalier ou Dragon de fa compagnie, de fortir de la place, fans un billet du Commandant de fon régiment, vifé par le Commandant de la place.

18.

LES congés limités qui feront donnés aux bas Officiers, Soldats, Cavaliers & Dragons de la garnifon d'une place, feront nuls, fi outre la fignature du Commandant de leur compagnie, celles du Commandant & du Major ou Aide-major de leur régiment, ils ne font encore approuvés par le Commandant de la place, & vifés par le Commiffaire des guerres.

19.

LES Commandans de province, les Officiers généraux employés & les Commandans des places, tiendront la main à ce qu'aucun régiment ne s'écarte, fous tel prétexte & fur quelque point que ce foit, de ce qui eft prefcrit par le Règlement concernant l'habillement, l'équipement & l'armement.

Tous les Officiers de la garnifon feront toujours dans l'uniforme le plus exact ; ceux qui y contreviendront feront punis la première fois par quinze jours de prifon, & en cas de récidive, privés du premier femeftre qu'ils devront avoir.

20.

LORSQU'UN Officier fera en deuil, il portera un crêpe noir au bras gauche, fans que d'ailleurs il puiffe rien changer à fon uniforme.

21.

LES bas Officiers, Soldats, Cavaliers & Dragons, qui fe traveftiront & quitteront dans aucun cas, & fous tel prétexte que ce puiffe être, aucune marque de leur uniforme, feront punis fuivant les Ordonnances.

22.

LA chaffe ne fera permife aux Officiers de la garnifon, que lorfqu'il y aura dans les environs des places, des terrains de réferve à ce deftinés, & feulement dans les faisons convenables, & le Commandant de la place tiendra la main à ce qu'il n'y ait que les Officiers qui chaffent fur ce terrain.

23.

Tous les régimens s'abonneront à la Comédie; mais les Commandans des places tiendront la main, à ce que cet abonnement foit fait au plus bas prix poffible, & que la retenue en foit faite avec égalité au *prorata* des appointemens de chaque grade.

Les Commandans des places veilleront pareillement à ce qu'il y foit obfervé, par les Officiers, la plus grande décence.

24.

Aucune troupe ne pourra avoir de Vivandiers à fa fuite dans les garnifons, à l'exception du régiment des Gardes - françoifes, de celui des Gardes - fuiffes, & des régimens Suiffes & Grifons.

25.

Les vivres ne devant, conformément à *l'article 10 du Titre* 19, être achetés que dans les marchés; les domeftiques des Officiers, quelque grade qu'aient leurs maîtres, qui iront hors des portes, au-devant des perfonnes qui apporteront des vivres dans les places, pour les acheter, même de gré à gré, pourront être arrêtés par les prépofés à la police, perdront ce qu'ils auront acheté, qu'on vendra au profit de l'hôpital bourgeois, & feront mis en prifon pour huit jours.

26.

Les Soldats, Cavaliers & Dragons, qui acheteront pareillement hors des portes, de gré à gré, perdront ce qu'ils auront acheté; ceux qui auront acheté par violence, & qui en feront convaincus par lefdits prépofés à la police, perdront auffi ce qu'ils auront acheté, & feront mis pour quinze jours en prifon.

Dans l'un & l'autre cas, ce qu'ils auront acheté fera vendu, pour le produit en être réuni à la maffe du linge & chauffure.

27.

CEUX qui voleront ou prendront de force aucune denrée ou marchandife dans les marchés ou les boutiques, feront remis à la juftice ordinaire des lieux, pour être punis fuivant la rigueur des Ordonnances.

28.

LES Officiers généraux & les Commandans des places, conformément à *l'article 15 du Titre 19*, empêcheront, avec le plus grand foin, que les troupes qui feront fous leurs ordres, ne jouent à aucun jeu de hafard, & ils s'en prendront au Commandant des corps fi cela arrive; ainfi que Sa Majefté s'en prendra à eux fi fa volonté à cet égard, n'eft pas exactement fuivie.

29.

ILS prendront, fur le même objet, à l'égard des bourgeois & autres habitans, les précautions prefcrites par *l'article 16 du Titre 19*.

30.

TOUT Officier, de quelque grade qu'il foit, qui aura joué malgré cette défenfe, fera mis la première fois en prifon pour trois mois, & il en fera rendu compte au Secrétaire d'État ayant le département de la guerre, & au Commandant de la province ; en cas de récidive, il fera mis en prifon pour fix mois ; & enfin la troifième fois, il fera caffé & renfermé pour deux ans dans une citadelle, fort ou château.

31.

LES Soldats, Cavaliers ou Dragons qui tiendront des jeux défendus, feront condamnés fuivant la rigueur des Ordonnances.

Ceux qui auront joué, feront mis en prifon pour quinze jours.

32.

A l'égard des femmes ou filles débauchées furprifes avec des Soldats, Cavaliers ou Dragons, on fe conformera à ce qui eft prefcrit par les *articles 17, 18, 19 & 20 du Titre 19.*

33.

TOUS les Déferteurs étrangers ou ennemis, feront envoyés par les Commandans des poftes auxquels ils fe préfenteront, chez le Commandant de la place, fans que les Commandans defdits poftes, ni qui que ce foit, puiffent auparavant acheter leurs armes, chevaux & habits.

34.

S'IL n'y a point de cartel avec les Puiffances des troupes defquelles feront ces Déferteurs, le Commandant de la place les fera fortir fur le champ, de la ville, fans leur permettre de parler à perfonne, à moins qu'ils n'offrent de s'engager dans un des régimens étrangers de la garnifon, s'il y en a, & qu'il ne juge qu'on puiffe les y recevoir fans inconvéniens.

35.

SI ces Déferteurs font à cheval, qu'il n'y ait point de cartel à cet égard avec les autres Puiffances, & que le Commandant de la place juge les chevaux propres aux remontes, il les fera acheter pour le compte du Roi, & on les payera auxdits Déferteurs à raifon de cent livres par cheval de Cavalier, de foixante livres par cheval de Dragon, & de cinquante livres par cheval de Huffard; & lefdits chevaux, par les foins du Commiffaire des guerres, & à fon défaut du Major de la place, feront envoyés aux dépens de Sa Majefté au régiment le plus voifin, & il en fera rendu compte au Secrétaire d'État ayant le département de la guerre : fi au contraire lefdits chevaux ne font pas jugés propres pour le fervice de Sa Majefté, on laiffera auxdits Déferteurs la liberté de les vendre à qui bon leur femblera, fans que qui que ce foit puiffe s'arroger le droit de les taxer ni d'en difpofer en faveur de perfonne.

36.

LES Officiers généraux employés, & les Commandans

des.

des places, pourront punir tout Officier, bas Officier, Soldat, Cavalier ou Dragon de quelque régiment qu'il foit, lorfqu'il manquera au fervice, en en faifant avertir enfuite le Commandant du régiment.

37.

LES Colonels & Meftres-de-camp pourront de même punir tout Officier, bas Officier, Soldat, Cavalier & Dragon de leur régiment, en en rendant compte au Commandant de la place.

38.

LES punitions feront ordonnées dans les régimens, par les grades fupérieurs envers les grades inférieurs, comme il eft prefcrit par les *articles 29 & fuivans du Titre 21*; mais les Commandans des régimens rendront & pourront feuls rendre compte defdites punitions au Commandant de la place : les Officiers, bas Officiers, Soldats, Cavaliers ou Dragons qui auront été mis aux arrêts ou en prifon, n'en fortiront que fur la demande des Commandans des régimens au Commandant de la place.

39.

DANS toutes les occafions qui concerneront le fervice de Sa Majefté, le grade fupérieur pourra de même punir tout grade qui lui fera inférieur, de quelque régiment qu'il foit, en en rendant compte fur le champ au Commandant du régiment dont fera l'Officier, bas Officier, Soldat, Cavalier ou Dragon.

40.

ENTEND toutefois Sa Majefté que, dans ce cas, les Officiers ne puiffent être mis qu'aux arrêts; le droit de mettre les Officiers en prifon, ne devant appartenir qu'aux Commandans de province, aux Officiers géné-raux, aux Commandans de places & Commandans de régimens, dans leur régiment feulement.

41.

LES régimens étrangers ayant leur juftice particulière,

tous les bas Officiers & Soldats de ces corps, qui tomberont en faute, feront arrêtés, mais renvoyés fur le champ aux Commandans de leur régiment, en les inftruifant par écrit des fautes qu'ils auront commifes.

42.

TOUT Officier qui fera dans le cas d'être puni, fera aux arrêts dans fa chambre; mais s'il a commis quelque faute grave, il fera mis en prifon, & fon épée ou fon fabre fera porté chez le Commandant du corps.

43.

LORSQUE le Commandant de la place fera arrêter & mettre en prifon un Officier de la garnifon, pour une faute grave, il en informera dans les vingt-quatre heures le Secrétaire d'État ayant le département de la guerre & le Commandant de la province.

44.

A l'égard des Officiers qui manqueront de conduite, Sa Majefté s'en remet au Commandant de la place & au Commandant du corps dont ils feront, pour les tenir en prifon tout le temps qu'ils jugeront néceffaire.

45.

TOUT Officier qui fortira de prifon ou des arrêts, fe préfentera chez l'Officier par l'ordre duquel il y aura été mis.

46.

ON fe conformera, foit dans la place, foit dans l'intérieur des régimens pour tout ce qui concerne les prifons, punitions de difcipline, reddition de compte & demandes d'élargiffement, à tout ce qui eft prefcrit aux *Titres* 2 1 *&* 2 4.

47.

LES appels fe feront dans tous les régimens de la garnifon, dans la forme indiquée par les *articles 1 1 1 & fuivans du Titre* 2 1.

Ils feront envoyés régulièrement par les Majors

des régimens au Major de la place, afin que celui-ci inftruife fans délai, le Commandant de ladite place de l'abfence des Soldats, Cavaliers ou Dragons,

48.

LORSQUE les rondes ou patrouilles arrêteront, une demi-heure après la retraite battue ou fonnée, quelques Soldats, Cavaliers ou Dragons qui ne fe trouveront pas dénoncés dans les billets d'appels, le Fourrier, Sergent ou Maréchal-des-logis de la compagnie dont ils feront, qui en aura fait l'appel, fera puni conformément à l'*article 122 du Titre* 21.

49.

TOUTE perfonne, de quelque qualité & condition qu'elle foit, qui aura, en quelque manière que ce puiffe être, favorifé le traveftiffement ou l'évafion d'un Déferteur, fera puni fuivant la rigueur des Ordonnances, & notamment de celle du 2 juillet 1716; à cet effet, fon procès fera inftruit par les Prevôts généraux des Maréchauffées ou leurs Lieutenans, conformément à la déclaration de Sa Majefté du 5 février 1731.

50.

IL en fera ufé de même à l'égard des Embaucheurs & de ceux qui achetteront, troqueront, en tout ou en partie, à quelque titre & fous quelque prétexte que ce puiffe être, les habillemens, armemens & équipemens des Soldats, Cavaliers & Dragons.

51.

AUSSITÔT que le Commandant de la place aura été averti de l'évafion d'un Déferteur, il fera tirer un coup de canon de l'endroit le plus élevé du rempart, pour fervir de fignal aux villages circonvoifins, dont les communautés feront tenues de faire les perquifitions néceffaires pour arrêter les Déferteurs, en fe conformant aux inftructions que le Commandant de la place leur aura fait donner à l'avance, relativement à la difpofition du terrain des environs de la place.

52.

LE Commandant de la place fera, fur le champ, les difpofitions qu'il croira néceffaires, & enverra des patrouilles, foit à pied, foit à cheval, fur le chemin qu'il foupçonnera que lefdits Déferteurs pourroient avoir tenu, & ne négligera rien pour les faire arrêter.

53.

AU fignal du coup de canon, les brigades de Maréchauffée en réfidence dans les places ou dans les environs, monteront à cheval & fe porteront fur les différens chemins des environs de la place.

54.

TOUT bas Officier qui, par négligence ou autrement, aura manqué d'arrêter un Déferteur, ayant eu la poffi-bilité de le faire, fera puni fuivant l'exigence du cas.

55.

LES Commandans des provinces & ceux des places, feront remettre aux Prevôts généraux des Maréchauffées, ou à leurs Lieutenans, tous ceux qui auront été arrêtés par leurs ordres, en contravention aux articles ci-deffus *du préfent Titre*, & feront dépofer à leur greffe les mémoires & informations d'après lefquels ils les auront fait arrêter, ou qui pourront fervir à faire découvrir les particuliers qui auroient favorifé les Déferteurs.

Les Commandans retireront des reçus defdites pièces pour les adreffer au Secrétaire d'État ayant le dépar-tement de la guerre.

56.

ORDONNE Sa Majefté aux Prevôts généraux, à leurs Lieutenans & autres Officiers des Maréchauffées, d'apporter la plus grande diligence dans l'inftruction des procès des accufés ci-deffus, de fe conformer en tout à la déclaration du 5 février 1731, & aux ordonnances rendues à ce fujet, & de rendre compte des jugemens qui interviendront, au Secrétaire d'État ayant le dépar-tement de la guerre.

57.

SI la défertion étoit fréquente, & qu'elle fût facilitée par quelque brêche ou dégradation des remparts, le Commandant de la place fera avertir l'Ingénieur en chef pour qu'il y foit pourvu, & il emploiera, en attendant, des doubles rondes, contre-rondes & patrouilles, & fe fervira de tous les moyens qu'il jugera les plus propres à arrêter cette défertion.

TITRE 21.

De la difcipline & police intérieure des Régimens.

ARTICLE PREMIER.

LES Colonels, Meftres-de-camp & autres Commandans des corps, fe conformeront, à l'égard des Officiers généraux & des Commandans des places, à tout ce qui leur eft prefcrit par les *articles 1.er, 2 & fuivans du Titre 20.*

2.

LESDITS Colonels, Meftres-de-camp ou Commandans des corps, feront refponfables de l'exécution de tous les ordres qui leur feront adreffés par ledit Officier général, concernant la difcipline, la tenue, la fubordination & les exercices de leur corps, & de la conduite de tous les Officiers, bas Officiers, Soldats, Cavaliers ou Dragons qui ferviront fous leurs ordres.

3.

LES Colonels & Meftres-de-camp exigeront à cet effet, pour le fervice du Roi, l'obéiffance & l'exactitude de la part de leur Lieutenant-colonel & de tous les autres Officiers de leur régiment, & ils établiront cette difcipline dans leur corps, de manière que la fubordination dans chaque grade d'Officiers, bas Officiers, Soldats, Cavaliers ou Dragons, foit obfervée avec la plus grande régularité, Sa Majefté les en rendant refponfables.

Service des places. K k

4.

EN conséquence, le Colonel, Meftre-de-camp ou autre Commandant de corps, exigera de tous ceux qui feront fous fes ordres, la même déférence qu'il aura lui-même pour les Officiers qui lui feront fupérieurs ; le Lieutenant - colonel l'exigera du Major ; le Major, des Capitaines & des Officiers-majors, & les Capitaines l'exigeront auffi des Officiers fubalternes.

5.

QUOIQUE le Colonel ou le Meftre-de-camp d'un régiment, foit préfent au corps, le Lieutenant - colonel confervera fur le Major, les Capitaines & autres Officiers de ce régiment, la même autorité que s'il fe trouvoit commander le corps, & que le Colonel fût abfent.

6.

EN préfence du Colonel ou Meftre-de-camp & du Lieutenant-colonel d'un régiment, le Major confervera fur les Capitaines & autres Officiers de ce régiment, la même autorité que s'il fe trouvoit commander le corps, & que le Colonel & le Lieutenant-colonel fuffent abfens.

7.

EN l'abfence du Colonel ou Meftre-de-camp, du Lieutenant - colonel & du Major, le Capitaine le plus ancien commandera le corps, & les autres Officiers lui devront la même obéiffance qu'au Colonel ou Meftre-de-camp s'il étoit préfent.

8.

LES Aides-major qui ayant la commiffion de Capitaine, fe trouveront les plus anciens Capitaines du régiment, prendront le commandement du corps ; voulant Sa Majefté qu'à l'avenir, les Aides - major qui auront la commiffion de Capitaine, roulent foit entr'eux, foit dans le corps du jour de leur commiffion de Capitaine ; & ceux qui n'auront pas la commiffion de Capitaine, continueront de rouler du jour de leurs lettres ou brevets de Lieutenans.

9.

EN l'abſence du Colonel ou Meſtre-de-camp, tous les ordres concernant le régiment, ſeront adreſſés au Lieutenant-colonel, s'il eſt préſent; & à ſon défaut au Major; & au défaut de celui-ci, à l'Officier le plus ancien en grade qui ſe trouvera commander le corps, conformément à ce qui eſt réglé par les *articles 7 & 8.*

10.

LORSQUE le Colonel ou Meſtre-de-camp d'un régiment, ſera abſent avec un congé ou une permiſſion de Sa Majeſté, le Lieutenant-colonel, le Major ou tout autre Officier qui ſe trouvera commander le corps en l'abſence dudit Colonel ou Meſtre-de-camp, ſera tenu de lui rendre compte à la fin de chaque mois, ou plus ſouvent ſi les circonſtances l'exigent, de tout ce qui s'y ſera paſſé, & il ne pourra ſe diſpenſer d'exécuter les ordres qu'il en recevra; bien entendu cependant qu'il ne lui en ſera point donné de contraires par le Commandant de la place, ni par l'Inſpecteur du régiment.

Les Colonels ou Meſtres-de-camp commandans, que Sa Majeſté a établis dans pluſieurs régimens, ſe conformeront à ce qui eſt réglé par le préſent article, & rendront compte au Colonel titulaire, généralement de tout ce qui intéreſſera le corps ou chaque particulier dudit corps.

11.

LE Major étant ſpécialement chargé de tous les détails de l'exercice, police & diſcipline, pourra directement rendre compte de tous ces objets au Colonel ou Meſtre-de-camp, quand même le Lieutenant-colonel ſeroit préſent; bien entendu que ſous ce prétexte, il ne pourra ſe diſpenſer de rendre compte ou faire rendre compte au Lieutenant-colonel, de tout ce qui ſe paſſera dans le régiment, & de tous les ordres qui ſeront donnés par le Colonel ou Meſtre-de-camp.

12.

LE Major ſera de plus tenu de faire demander, par le

Lieutenant - colonel, au Colonel ou Meftre - de - camp, toutes les permiffions & grâces qui lui feront relatives; ne devant, en vertu du pouvoir qui lui eft accordé par *l'article 11*, de s'adreffer audit Colonel ou Meftre - de - camp, que lui rendre compte des détails de fon emploi feulement.

13.

LES Aides - major & Sous - aides - major pourront, au défaut du Major, ou lorfqu'ils en feront chargés par lui, s'adreffer & rendre compte de tous les détails du régiment au Lieutenant-colonel & au Colonel ou Meftre-de-camp; mais toutes les demandes & grâces qui les concerneront, feront toujours faites audit Colonel ou Meftre-de-camp, ou au Lieutenant - colonel, par le Major.

14.

EN l'abfence du Major, tous les Officiers rendront compte au Lieutenant - colonel ; le premier Aide - major qui remplira les fonctions de Major, pouvant toutefois s'adreffer au Colonel cu Meftre - de - camp, fur tous les détails defdites fonctions, en fe conformant à *l'article 11*. En l'abfence du Major & du Lieutenant-colonel, tous les Officiers rendront compte au plus ancien Capitaine, conformément à *l'article 7*.

15.

TOUTES les fois qu'il fera détaché d'un régiment un bataillon, un efcadron, une ou plufieurs compagnies, ou toute autre troupe, le Capitaine ou autre Officier qui commandera ledit détachement, aura fur les Officiers, bas Officiers, Soldats, Cavaliers ou Dragons de ce déta- chement, la même autorité que le Colonel ou le Meftre- de-camp du régiment s'il étoit préfent.

Il fera tenu de rendre compte à la fin de chaque mois, & plus fouvent fi les circonftances l'exigent, au Commandant de fon corps, de tout ce qui fe fera paffé dans fon détachement, & il ne pourra fe difpenfer d'exé- cuter fes ordres.

16. TOUTES

16.

TOUTES les fois que le régiment sera distribué en plusieurs quartiers, un des Officiers supérieurs du régiment fera tous les mois, autant qu'il sera possible, la visite desdits quartiers pour s'assurer de l'exactitude du service & remédier aux abus.

17.

ON se conformera dans les régimens, pour les congés & permissions de s'absenter des Officiers, & pour les congés limités des bas Officiers, Soldats, Cavaliers & Dragons, à ce qui est prescrit par les *articles 1 0 & suivans du Titre* 20.

18.

LORSQU'UN régiment sera caserné, on établira dans les casernes qu'il occupera, une prison particulière, où feront enfermés tous les bas Officiers, Soldats, Cavaliers ou Dragons, pour les fautes ordinaires concernant la discipline, l'exercice ou le service intérieur du régiment.

19.

A cet effet, il sera réservé dans le quartier de chaque bataillon ou escadron, trois chambres, dont une destinée pour les bas Officiers, & deux pour les Soldats, Cavaliers & Dragons.

20.

CES chambres n'auront, autant qu'il se pourra, aucune communication avec le logement des Soldats, Cavaliers ou Dragons, & feront à portée de la garde de police du quartier pour qu'elle puisse y fournir une sentinelle.

Les bas Officiers & Soldats qui feront mis dans ces salles de discipline, feront au pain & à l'eau, & le surplus de leur folde fera employé comme il est prescrit à *l'article 26.*

21.

ILS feront exercés régulièrement deux heures le matin & deux heures le soir, hiver & été, dehors si le temps le permet, & dans les salles ou hangars destinés à cet effet lorsque le temps ne le permettra pas.

2 2.

IL fera fourni auxdits prifonniers, une paillaffe, un matelas & une couverture de deux en deux.

Ces fournitures feront prifes fur la totalité de celles du régiment; voulant Sa Majefté qu'à cet effet les Entrepreneurs fourniffent dix fournitures par bataillon & cinq par efcadron au-delà de l'effectif.

2 3.

UN Officier-major fera tous les matins la vifite defdits prifonniers, pour veiller à ce qu'ils fe tiennent dans l'état de tenue & de propreté convenable.

2 4.

AU moyen de ces falles de difcipline, les bas Officiers & Soldats ne feront mis dans les prifons de la place que pour les fautes graves & pour celles relatives au fervice de ladite place.

2 5.

LA punition des falles de difcipline ne concernant uniquement que la police intérieure des régimens, les Commandans des corps ne feront point tenus de rendre compte, ni de demander la fortie aux Commandans ni aux États-majors des places, des bas Officiers, Soldats, Cavaliers ou Dragons qu'ils y auront mis.

2 6.

LA folde des bas Officiers, Soldats, Cavaliers & Dragons mis en prifon ou aux falles de difcipline, déduction faite du pain néceffaire pour leur nourriture, fera dans chaque compagnie, portée en fupplément de prêt; celle du Fourrier & des Sergens, aux Sergens; celle des Caporaux, aux Caporaux; & celle des Soldats, Cavaliers ou Dragons, aux Soldats, Cavaliers ou Dragons, en dédommagement du fervice ou du panfement des chevaux qu'ils auront été obligés de faire pour eux pendant le temps de leur détention.

2 7.

LA punition du piquet fera employée pour les Soldats,

Cavaliers ou Dragons, dans les cas indiqués par la présente Ordonnance, & dans ceux déterminés par le Commandant du régiment.

28.

TOUT Soldat condamné au piquet, y fera mis une heure le matin & une heure le foir; il fera en outre toutes les corvées du quartier, & ne fera point difpenfé de monter fa garde ni d'aller aux exercices.

29.

TOUS les Officiers d'un grade fupérieur, pourront punir ceux d'un grade inférieur; les Capitaines auront le droit de mettre aux arrêts tous les Lieutenans & Sous-lieutenans; & en prifon ou aux falles de difcipline, tous les bas Officiers, Soldats, Cavaliers & Dragons de quelque compagnie qu'ils foient; les Lieutenans & Sous-lieutenans pourront de même, indiftinctement, mettre en prifon ou aux falles de difcipline tous les bas Officiers, Soldats, Cavaliers & Dragons; & les bas Officiers pourront y mettre tous les Soldats, Cavaliers & Dragons.

L'intention de Sa Majefté étant qu'il lui foit rendu compte de ceux qui abuferoient de cette autorité, pour les en faire punir.

30.

LE Commandant du régiment, pourra feul faire mettre les Officiers en prifon; à l'égard des autres Officiers, quelque grade qu'ils aient, ils ne pourront faire mettre les Officiers qu'aux arrêts feulement.

31.

TOUT Capitaine qui fera mettre en prifon ou aux falles de difcipline, un bas Officier, Soldat, Cavalier ou Dragon, en rendra compte au Major du régiment.

Il en ufera de même lorfqu'il ordonnera les arrêts à un Lieutenant ou Sous-lieutenant.

32.

TOUT Aide-major ou Sous-aide-major qui mettra en

prison ou aux salles de discipline, un bas Officier, Soldat, Cavalier ou Dragon, en fera avertir, par un Sergent, le Capitaine de la compagnie dont sera ledit bas Officier, Soldat, Cavalier ou Dragon, & en rendra compte au Major du régiment.

33.

TOUT Lieutenant, Sous-lieutenant, Quartier-maître, Porte-drapeau, Porte-étendard ou Porte-guidon, qui fera mettre en prison ou aux salles de discipline, un bas Officier, Soldat, Cavalier ou Dragon, en rendra compte au Capitaine de la compagnie dont sera ledit bas Officier, Soldat, Cavalier ou Dragon, & au Major du régiment.

Tout Fourrier, Sergent, Maréchal-des-logis, Caporal ou Brigadier, qui mettra en prison un Soldat, Cavalier ou Dragon, en rendra compte au Capitaine de la compagnie dont sera ledit Soldat, Cavalier ou Dragon, & au Major du régiment.

34.

LES Officiers & bas Officiers seront tenus, en rendant compte au Major du régiment, des punitions qu'ils auront ordonnées, de lui remettre par écrit les motifs qui les y auront obligés.

35.

L'ÉLARGISSEMENT de ceux qui auront été punis, sera demandé par écrit au Major du régiment, par ceux qui les auront punis, & le Major le demandera au Commandant du corps.

36.

SUR les rapports qui seront faits au Major, il dressera un état général des prisonniers, qu'il remettra tous les matins au Commandant du régiment.

37.

LE Major fera de plus enregistrer avec soin lesdits rapports, pour que le Commandant du corps, sur le

compte

compte qu'il lui en rendra, puiffe réparer ou punir les
négligences qui pourroient fe commettre, en abrégeant
ou prolongeant les punitions.

38.

LE Commandant du régiment, rendra compte, lors de
la parade, au Commandant de la place, des Officiers,
bas Officiers, Soldats, Cavaliers ou Dragons qui auront
été mis en prifon (fans être tenu de détailler les motifs
de leur détention, fi c'eft pour difcipline du corps), & lui
demandera en même temps la permiffion de faire fortir
ceux qu'il jugera affez punis, fans que ledit Commandant
de la place puiffe fe refufer à leur élargiffement, à moins
de raifons effentielles, dont il rendroit compte fur le
champ au Commandant de la province.

39.

LORSQUE le Colonel ou Meftre-de-camp du régiment, ne pourra fe trouver à la parade pour raifon de
fervice ou de maladie, le Lieutenant-colonel, & à fon
défaut, le Major rendra le compte, & demandera les
permiffions prefcrites par *l'article 38.*

40.

EN l'abfence du Capitaine, le Lieutenant aura le même
commandement fur la compagnie, que fi le Capitaine y
étoit préfent, le Sous-lieutenant l'aura de même en l'abfence du Capitaine & du Lieutenant.

41.

EN l'abfence du Fourrier, le Capitaine nommera un
Sergent ou Maréchal-de-logis de fa compagnie, pour en
remplir les fonctions.

42.

AU défaut du Caporal, l'Appointé d'une efcouade en
fera le chef.

43.

DANS le temps des congés, le Commandant de la
compagnie partagera entre les bas Officiers qui refteront

à ladite compagnie, le foin & l'infpection des efcouades & fubdivifions.

44.

TOUS les régimens d'Infanterie, de Cavalerie ou de Dragons, auront une garde de police à leur quartier lorfqu'ils feront cafernés.

La force de cette garde fera déterminée par le Commandant du régiment, fuivant ce qu'il eft dit à l'*article 3 du Titre 6*.

45.

CHAQUE régiment fournira de plus une fentinelle à fa caiffe chez l'Officier chargé du détail, & une à fes drapeaux, étendards ou guidons, chez le Commandant du corps.

A cet effet, il fera commandé dans l'Infanterie, deux petites gardes d'un Caporal & de quatre hommes chacune, & dans la Cavalerie ou les Dragons, de même deux gardes de quatre Cavaliers ou Dragons, commandés chacune par un Brigadier ou Carabinier.

Ces petites gardes feront reçues dans le corps-de-garde le plus voifin des logemens où elles devront pofer leurs fentinelles.

46.

LA garde de police du quartier, & celles de la caiffe & des drapeaux, étendards ou guidons, ne feront point comprifes fur l'état du fervice de la place, fe relèveront toutes les vingt-quatre heures, & fe rendront tous les matins à dix heures & demie, de leur quartier, en droiture à leur pofte.

47.

AUSSITÔT après que les Soldats feront levés, & avant qu'ils fortent des chambres, les Fourriers ou Sergens feront l'appel de leur compagnie.

Le fignal de cet appel fera donné par un roulement.

48.

APRÈS l'appel, les jours qu'il n'y aura pas d'exercice,

& aussitôt après les exercices, lorsqu'il y en aura, les bas Officiers feront nettoyer les chambres, & mettre les Soldats de tous points dans l'état de propreté convenable.

49.

LE Tambour-major fera de même l'appel des Tambours, & veillera à leur propreté & à celle de leurs chambres.

50.

DANS la Cavalerie & les Dragons, l'appel se fera aussitôt que les Cavaliers & Dragons seront levés, & avant qu'ils entrent aux écuries.

51.

LES Cavaliers & Dragons se rendront aux écuries à cinq heures du matin en été, & à six heures en hiver, relèveront la litière, nettoieront l'écurie & donneront à manger aux chevaux.

Les Maréchaux-des-logis s'y trouveront pour y veiller.

52.

APRÈS que les chevaux auront mangé, ils seront pansés par les Cavaliers & Dragons, en présence des bas Officiers de leur compagnie.

Si le temps le permet, on les pansera dehors.

53.

UN Capitaine commandé à cet effet la veille à l'ordre, un Aide-major ou Sous-aide-major, & un Lieutenant ou Sous-Lieutenant par compagnie, se trouveront à la même heure au quartier, pour voir si tous ces soins se prennent avec exactitude, & si les Cavaliers ou Dragons pansent bien les chevaux.

54.

ILS feront visiter & panser devant eux les chevaux blessés, & défendront de les monter si le genre de leur blessure ne le permet pas.

S'il y en a de malades ou qui ne mangent pas bien, ils les feront examiner par le Maréchal.

55.

LES Fourriers & Maréchaux-des-logis rendront alors compte au Lieutenant ou Sous-lieutenant de leur compagnie, de tout ce qu'il y aura eu de nouveau dans leur compagnie depuis la veille; ils rendront le même compte à l'Officier-major.

56.

TOUT cheval qui commencera à jeter & qu'on soupçonnera attaqué de quelque maladie contagieuse, sera sur le champ séparé des autres, & on prendra toutes les précautions convenables pour qu'il n'ait aucune communication avec eux.

57.

LES jours de marche & au retour des exercices, on ne pansera les chevaux que lorsqu'ils seront secs; on observera de même s'ils ont chaud de ne pas les desseller & débrider trop tôt, & de les laisser le temps convenable sans manger ni boire.

58.

LES bas Officiers tiendront la main à ce que tous les Cavaliers ou Dragons de chaque chambrée, prennent soin, tour à tour, des chevaux des Cavaliers ou Dragons de leur chambrée qui seront à l'hôpital, & absens par congés ou pour raison de service

59.

A sept heures & demie du matin en été, & à huit heures en hiver, les Cavaliers ou Dragons mèneront les chevaux à l'abreuvoir.

Ils y seront conduits en ordre, menant chacun un cheval de main & marchant en file; un Maréchal-des-logis marchera à leur tête & un Brigadier à la queue : ces bas Officiers ne mèneront point de cheval de main.

On observera dans les régimens de Dragons, de faire

mener les chevaux de main, un jour *à droite* & un jour *à gauche* alternativement.

60.

ON ne fera jamais entrer les chevaux dans l'eau, toutes les fois qu'il fera poffible de les faire boire au feau.

61.

UN des Lieutenans ou Sous-lieutenans qui fe trouveront au quartier, fe rendra à l'abreuvoir pour veiller à ce que tout s'y paffe dans l'ordre prefcrit.

62.

AU retour de l'abreuvoir, on effuiera les jambes des chevaux s'ils font entrés dans l'eau, & on leur donnera l'avoine à tous en même temps; obfervant de placer un Cavalier ou Dragon de trois en trois chevaux, pour qu'ils mangent devant eux & qu'ils ne fe battent pas.

63.

LES Officiers tiendront la main à ce que les Cavaliers ou Dragons faffent tous les mois les crins & la barbe de leurs chevaux, & tous les deux mois le poil des jambes : on obfervera, en leur coupant le bout de la queue, de ne le couper qu'à huit pouces de terre, & on ne leur coupera fur l'encolure que ce qu'il faut précifément de place pour la têtière de la bride.

64.

LES Officiers tiendront pareillement la main à ce que les chevaux foient ferrés toutes les fix femaines ou tous les deux mois au plus tard, & à ce que les fers foient le plus légers qu'il fera poffible, en proportion du pied du cheval.

65.

LORSQUE les Officiers des compagnies jugeront néceffaire de faire barrer les chevaux, & particulièrement ceux de remonte, ils en avertiront le Major du régiment, qui fera fournir les barres & cordes néceffaires aux dépens du Roi.

Service des places.   N n

66.

DÈS que les chevaux auront mangé l'avoine, les Cavaliers ou Dragons retourneront dans leurs chambrées; les bas Officiers leur feront nettoyer les chambres, & les feront mettre dans l'état de propreté convenable.

Le plus ancien Trompette ou Tambour, fera obferver le même foin aux Trompettes & Tambours.

67.

UNE demi-heure après que les bas Officiers auront fait exécuter ce qui eft prefcrit ci-deffus, les Fourriers feront une vifite des chambrées de leur compagnie, pour examiner fi les chefs de chambrée n'ont rien négligé, & ils en rendront compte à l'Officier de leur compagnie.

68.

LE Capitaine de police, l'Officier-major & les Lieutenans ou Sous-lieutenans refteront au quartier jufqu'à ce que les chevaux aient fini de manger l'avoine, après quoi l'Officier-major ira rendre compte au Major du régiment, de l'état du régiment, & les Lieutenans ou Sous-lieutenans rendront au Capitaine de celui de leur compagnie à la parade.

69.

SOIT dans l'Infanterie, foit dans la Cavalerie, on ne gardera dans les chambres aucuns malades, & on les enverra à l'hôpital, à moins qu'ils n'aient qu'une indifpofition ou maladie légère.

70.

A l'égard des galeux, on ne les enverra à l'hôpital que dans le cas où ils feroient attaqués de maladies compliquées; il leur fera affigné une ou plufieurs chambres féparées dans le quartier du régiment, & ils y feront traités fuivant les arrangemens faits par les régimens & approuvés par le Secrétaire d'État ayant le département de la guerre.

71.

A huit heures & demie, le Tambour-major de chaque

régiment affemblera tous les Tambours & en fera l'infpection, ils iront enfuite battre *la garde* à neuf heures
précifes, ainfi qu'il eft prefcrit par *l'article 2 du Titre* 1 O.

72.

A neuf heures, le Caporal ou Chef de chaque
chambrée qui devra fournir des hommes pour la garde,
fera l'infpection de leurs équipement & armement, pour
s'affurer que tout foit dans le bon ordre; & fi quelque
Soldat fe trouve en faute, il le condamnera à faire, à la
defcente de fa garde, toutes les corvées de fa chambrée
pendant quatre jours.

73.

A neuf heures & demie, il fera fait deux *roulemens*,
le Sergent de la fubdivifion fera une feconde infpection,
délivrera à chaque Soldat trois cartouches à balle; &
s'il trouve quelqu'un en faute, il mettra aux falles de
difcipline pour huit jours le Caporal de la chambrée dont
fera le Soldat en faute.

74.

A dix heures, le Lieutenant ou le Sous-lieutenant de
chaque compagnie, fe rendront alternativement au quartier, pour y faire la vifite des chambrées, voir manger la
foupe, examiner fi l'argent du prêt deftiné à l'ordinaire,
y eft exactement employé, & faire enfuite l'infpection
des hommes de garde.

75.

LES jours où le régiment devra être exercé le matin,
les Lieutenans ou Sous-lieutenans ne feront la vifite des
chambrées que le foir à l'heure du fouper, afin de donner
le temps aux bas Officiers de faire mettre tout en état.

76.

LES Lieutenans ou Sous-lieutenans rendront compte
à la parade, au Capitaine de leur compagnie, fur tous
les objets de leur vifite; fi ledit Capitaine, pour des
raifons indifpenfables, ne fe trouvoit point à la parade,

lesdits Lieutenans ou Sous-lieutenans se rendront chez lui pour lui rendre ce compte.

77.

Les Cavaliers ou Dragons qui devront monter la garde, selleront leurs chevaux à dix heures, s'habilleront & se tiendront prêts à sortir au premier *appel*, qui se sonnera une demi-heure avant l'assemblée des gardes du régiment.

A ce signal, les Maréchaux-des-logis feront l'inspection des hommes de garde, & mettront aux salles de discipline les Brigadiers des chambrées où ils trouveront quelqu'un en faute; ils délivreront cinq cartouches à balle par Cavalier de garde, & quatre par Dragon, tant pour leurs mousquetons & susils, que pour leurs pistolets.

78.

L'heure de l'assemblée des gardes de chaque régiment, sera réglée par le Commandant dudit régiment, selon le temps qu'il faudra aux nouvelles gardes pour se rendre sur la place d'armes au rendez-vous général des gardes de la garnison.

79.

Une demi-heure avant l'assemblée des gardes, il sera fait trois *roulemens*, les Lieutenans ou Sous-lieutenans feront une inspection des Soldats de garde de leur compagnie; & s'ils ne les trouvent pas en règle de tout point, ils mettront aux salles de discipline les Sergens des subdivisions où ils trouveront un Soldat en faute.

Ils feront ensuite partir ces Soldats conduits par le bas Officier qui devra monter la garde, ou par un Sergent lorsqu'il n'y aura pas de bas Officier, pour aller au rendez-vous indiqué pour l'assemblée des gardes du régiment.

80.

Un Officier supérieur par régiment & tous les Officiers qui devront monter la garde, se trouveront audit rendez-vous à l'heure fixée ; les Fourriers des compagnies qui fourniront des Officiers & bas Officiers de garde, s'y trouveront en même temps pour remettre à chacun d'eux un billet sur lequel sera écrit le nom du poste qui leur sera échu.

81.

Les Officiers de Cavalerie & les Maréchaux-des-logis qui devront monter la garde à pied, ne seront armés que d'un sabre ; mais ceux qui devront la monter à cheval seront de plus armés de leurs pistolets & de leurs cuirasses ou plastrons.

82.

Un Aide-major ou Sous-aide-major, formera en bataille le détachement que le régiment devra fournir pour la garde.

Les Sergens de garde se placeront dans le rang, & les Officiers à quatre pas en avant.

83.

Dans la Cavalerie & les Dragons, un Officier-major par régiment, formera de même les détachemens, soit à pied soit à cheval, que devra fournir le régiment, en se conformant à ce qui est prescrit par les Ordonnances d'Exercice de la Cavalerie & des Dragons.

84.

Le Colonel ou Mestre-de-camp, le Lieutenant-colonel ou le Major, ou à leur défaut le plus ancien Capitaine qui sera commandé à cet effet, fera alors l'inspection générale de la garde du régiment ; & si tout n'est pas en règle, il punira le Lieutenant ou Sous-lieutenant de la compagnie dont sera le bas Officier ou Soldat en faute.

L'Officier supérieur fera marquer en même temps, par un Officier-major, les compagnies qu'il n'aura pas trouvé en règle, & fera remettre cet état à l'Officier supérieur qui devra faire l'inspection le lendemain, afin que si les mêmes compagnies tombent en faute, les Capitaines defdites compagnies foient mis aux arrêts.

85.

En même temps que l'infpection fe fera, un Porte-drapeau raffemblera tous les Fourriers du régiment avec un Sergent & un Caporal par compagnie; il les formera fur trois rangs à la gauche de la garde, & en fera l'appel & l'infpection.

86.

Dès que la nouvelle garde fe mettra en marche pour fe rendre fur la Place-d'armes, elle fera fuivie par les Fourriers, Sergens & Caporaux d'ordre, lefquels, en arrivant fur ladite Place, s'y formeront dans l'ordre prefcrit à *l'article 4 du Titre* 1 3.

Dans la Cavalerie & les Dragons, un Porte-étendard ou Porte-guidon raffemblera de même tous les Fourriers du régiment, & les conduira fur la place d'armes.

87.

L'Officier fupérieur ayant fait fon infpection, fera difpofer toute la garde de fon régiment comme fi c'étoit un bataillon, la fera marquer par demi-rang, par quart de rang ou par peloton fuivant fa force, & attachera enfuite à chaque divifion, autant qu'il fe pourra, un nombre égal d'Officiers ou de Sergens.

L'Officier fupérieur de Cavalerie ou de Dragons en ufera de même pour les détachemens qui devront monter la garde à pied; mais quant aux gardes à cheval, il les fera difpofer comme il eft prefcrit par l'Ordonnance de l'Exercice de la Cavalerie.

La garde ainfi rangée, l'Officier fupérieur ordonnera, s'il le juge à propos, à l'Officier de garde le premier ou le plus ancien en grade, de lui faire faire telles manœuvres qu'il indiquera, jufqu'à ce que l'heure de fe rendre à la Place-d'armes foit arrivée.

88.

Alors il lui ordonnera de la mettre en colonne,

dé lui faire ouvrir ſes rangs à deux pas de diſtance, & de lui faire porter les armes ou le mouſqueton au bras.

A l'égard des gardes à cheval, de Cavalerie ou de Dragons, on leur fera mettre le ſabre dans le fourreau.

89.

L'OFFICIER-major ſe mettra à la tête de cette garde.

Celle de l'Infanterie ſera précédée de tous les Tambours du régiment qui marcheront ſur pluſieurs rangs, le Tambour-major à leur tête.

90.

LA garde marchera dans cet ordre & dans le plus grand ſilence, au pas redoublé, juſqu'à cinquante pas de la Place-d'armes; alors l'Officier-major fera à la garde de ſon régiment, les commandemens néceſſaires pour porter les armes ou le mouſqueton, ſi la garde de Cavalerie eſt à pied, ou pour mettre le ſabre à la main ſi elle eſt à cheval : il ordonnera enſuite aux Tambours de battre *aux champs* & au Trompette de ſonner *la marche;* & la garde étant arrivée ſur la Place-d'armes, il la remettra à l'Aide-major de la Place qui, conformément à l'*article 9 du Titre* 10, s'y trouvera pour raſſembler toutes les nouvelles gardes de la garniſon.

91.

APRÈS la parade & l'ordre donné, les Fourriers & Sergens rendront l'ordre aux Officiers de leur compagnie, & les Majors & Officiers-majors, aux Officiers ſupérieurs de leur régiment.

92.

LE Major de chaque régiment, portera l'ordre au Commandant du régiment, lorſque cet Officier n'aura pu ſe trouver à la parade pour des raiſons indiſpenſables.

93.

TOUTES les fois que le Colonel ou Meſtre-de-camp ſera préſent, ce ſera un Aide-major qui donnera ou portera l'ordre au Lieutenant-colonel; mais ce ſera le

Major quand le Lieutenant - colonel commandera le régiment.

94.

SI le Major du régiment n'a pas pu se trouver à la parade, l'Aide-major qui aura donné l'ordre pour lui au cercle le lui portera.

95.

DEUX Sergens ou Maréchaux-des-logis qui rouleront pour ce service sur tout le régiment, porteront l'ordre aux Officiers-majors, Quartier-maître, Porte-drapeaux, Porte-étendard & Porte-guidon qui, pour raison d'autre service, n'auront pu se trouver à la parade.

96.

DANS tous ces cas, les Officiers-majors & bas Officiers qui devront porter l'ordre à quelqu'un, seront tenus d'aller jusqu'à son logement ou son auberge, & s'ils ne l'y trouvent pas, d'y laisser l'ordre par écrit.

97.

LES Fourriers, Sergens & Caporaux d'ordre ayant été remenés au quartier de leur régiment, conformément à *l'article 16 du Titre 13*, donneront aussitôt l'ordre aux Sergens, Maréchaux-des-logis, Caporaux ou Brigadiers de leur compagnie; observant de leur expliquer dans le plus grand détail, tout ce qui aura été dit tant à l'ordre général de la Place qu'à l'ordre particulier de leur régiment, & ce qu'ils auront à faire en conséquence.

98.

LORSQU'APRÈS avoir descendu la garde, les Soldats, Cavaliers & Dragons rentreront dans leurs casernes ou logement, les chefs de chambrée leur feront décharger les armes avec des tire-bourres, retireront ensuite les cartouches qui leur auront été données, & les remettront aux Sergens ou Maréchaux-des-logis de leurs subdivisions.

99.

APRÈS que lesdits Soldats, Cavaliers & Dragons auront

auront pris quelques heures de repos, les Caporaux ou
Brigadiers leur feront nettoyer leurs armes, blanchir leur
buffeterie & réparer tout leur habillement, équipement
& harnachement, de manière que le lendemain matin
ils soient en état de paroître sous les armes.

Les Cavaliers ou Dragons qui auront monté la garde
à cheval, s'occuperont toutefois en arrivant de donner
les soins nécessaires à leurs chevaux.

S'il y a des chevaux malades, le Maréchal - des - logis
ou le Brigadier, les fera sur le champ examiner par le
Maréchal.

100.

S'il y avoit quelque chose de cassé aux armes, ou de
déchiré aux habits & harnois, les bas Officiers en aver-
tiroient sur le champ le Fourrier, pour qu'il y fût fait
les réparations nécessaires.

101.

Tous les jours à midi, les Cavaliers ou Dragons se
rendront aux écuries pour y donner à manger aux chevaux
un quart de ration de foin ou de la paille.

102.

Ils y retourneront à trois heures du soir pendant
l'hiver, & à quatre pendant l'été, pour brosser les chevaux, les peigner, les éponger, les faire boire, leur donner
l'avoine, & ensuite de la paille lorsqu'il y en aura.

103.

A huit heures en été, & à six heures en hiver, ils
garniront les rateliers de fourrage pour la nuit, & feront
la litière aux chevaux.

104.

Les chevaux seront menés le soir à l'abreuvoir dans
le même ordre que le matin.

105.

Il y aura jour & nuit un Cavalier ou Dragon de garde
dans chaque écurie, lorsqu'elle contiendra les chevaux
d'une compagnie, & dans toutes il y aura une lampe

Service des places.   P p

allumée pendant la nuit, laquelle fera enfermée dans une lanterne pour prévenir les accidens du feu.

106.

LE Lieutenant ou le Sous-lieutenant de chaque compagnie, fe trouvera le foir au quartier à l'heure où l'on fera boire les chevaux; il s'y trouvera de plus un Aide-major ou Sous-aide-major du régiment & le Capitaine de police qui aura fait la vifite du matin.

107.

INDÉPENDAMMENT de ces vifites prefcrites, chaque Capitaine fera perfonnellement refponfable de la tenue & police de fa compagnie, tant en hommes qu'en chevaux.

108.

LES Officiers fupérieurs des régimens de Cavalerie ou de Dragons, veilleront avec foin à ce qu'aucune compagnie ne s'écarte des règles prefcrites par le *préfent Titre.*

109.

A cet effet, l'un d'eux fe trouvera chaque jour alternativement aux cafernes ou logement du régiment, pour veiller à l'exécution de tout ce qui eft ordonné, faire faire l'*appel* des Officiers qui doivent y veiller, & punir ceux qui y manqueront; il fera en même temps la vifite de quelques chambrées, s'en prendra aux Lieutenans & Sous-lieutenans des compagnies où tout ne fera pas en règle, & verra fi les Officiers font exacts à leurs devoirs.

110.

DANS le temps des congés, le Lieutenant ou le Sous-lieutenant de chaque compagnie fe trouvera au quartier une fois par jour feulement, le matin ou le foir alternativement.

Il en fera de même du Capitaine commandé pour la police journalière; mais il y aura toujours, foir ou matin, un Officier-major.

L'Officier supérieur qui commandera le régiment pendant l'hiver, ne sera point assujetti aux visites journalières prescrites par *l'article 109.*

I I I.

ON fera dans tous les régimens deux appels par jour.

Le premier se fera le matin, conformément à *l'article 47*; & le second une demi-heure après la retraite battue, comme il est prescrit par *l'article 120.*

I I 2.

LES Fourriers, Sergens & Maréchaux-des-logis feront eux-mêmes ces appels, ils formeront leur compagnie en haie pour l'appel du jour; celui de la nuit se fera dans les chambrées avec de la lumière.

I I 3.

IL y aura dans le régiment un Porte-drapeau, un Porte-étendard ou Porte-guidon commandé chaque jour pour recevoir tous les billets d'appel.

I I 4.

L'APPEL étant fini, le Fourrier ou l'un des Sergens ou Maréchaux-des-logis remettra le billet d'appel de la compagnie audit Porte-drapeau, Porte-étendard ou Porte-guidon.

I I 5.

CELUI-CI dressera l'appel général du régiment, & en portera sur le champ une copie au Major du régiment, & une autre au Major de la place.

I I 6.

LES Fourriers, Sergens ou Maréchaux-des-logis qui ne feront pas l'appel exactement, seront mis à la salle de discipline pour huit jours.

I I 7.

SI l'on s'aperçoit d'une négligence affectée, & qu'elle ait favorisé la désertion d'un Soldat, Cavalier ou Dragon, ils seront cassés & mis à la queue de la compagnie.

118.

AUSSITÔT qu'un bas Officier s'apercevra qu'un homme de sa compagnie aura déserté, il ira sur le champ, en rendre compte à son Capitaine & au Major du régiment, sous peine de subir la punition prescrite par *l'article précédent.*

119.

UNE demi - heure avant la fermeture des portes, le Tambour-major ou le plus ancien Trompette de chaque régiment rassemblera tous les Tambours ou Trompettes & les conduira sur la Place-d'armes pour battre la retraite, conformément à ce qui est prescrit par *l'article 2 du Titre 14.*

120.

UNE demi - heure après la retraite, il sera battu *trois roulemens* dans le quartier.

A ce signal, on fera l'appel dans la forme prescrite par *l'article 112.*

121.

TOUS les Soldats, Cavaliers ou Dragons seront obligés d'être rendus à leurs casernes ou logemens une demi-heure après la retraite; & tous ceux qui seront arrêtés dans les rues après cette demi - heure, seront conduits au corps - de - garde de la place, & mis le lendemain aux salles de discipline pour huit jours.

On mettra au piquet ou dans les prisons de la place, ceux qui seront arrêtés faisant du désordre, ou qui seront sujets à manquer aux appels.

122.

LES Sergens & Maréchaux - des - logis qui n'auront pas dénoncé sur leurs billets d'appel les Soldats, Cavaliers ou Dragons qui seront arrêtés, seront punis suivant l'exigence du cas, conformément à ce qui est prescrit par les *articles 116 & 117.*

123.

LES Soldats, Cavaliers ou Dragons ne travailleront

de

de leurs métiers que chez les Maîtres-ouvriers des villes où ils seront en garnison, hors que ce ne soit pour le service & les réparations du régiment; auquel cas, ils ne pourront travailler ailleurs que dans leurs quartiers ou casernes.

124.

LES Commandans des régimens pourront donner des permissions de travailler à six Soldats par compagnie, & ceux auxquels elles seront accordées pourront faire faire leur service par leurs camarades en les payant.

125.

LES Soldats qui travailleront pour le compte du Roi, seront dispensés de faire leur service & de le payer.

126.

DEPUIS le mois de Mai jusqu'au 1.er Août, tous les travailleurs seront assujettis à faire l'exercice deux fois par semaine, aux jours fixés par le Commandant du régiment; & depuis le 1.er Août jusqu'au 1.er Octobre ils le feront trois jours de la semaine.

127.

IL ne sera donné de permission à aucun travailleur qu'il ne soit de la première classe, & qu'il n'en ait un certificat du Capitaine de la compagnie & de l'Aide-major du bataillon.

128.

AUCUN travailleur ne pourra se dispenser de se rendre tous les jours au quartier, à l'heure de la retraite, & d'y coucher, sans une permission par écrit du Commandant de son corps, visée du Commandant de la place.

129.

ON fera le prêt tous les cinq jours, & l'on en déduira, indépendamment du linge & chaussure, deux sous par jour pour chaque bas Officier, Soldat, Cavalier ou Dragon, lorsque Sa Majesté fournira le pain.

130.

LE prêt des Soldats, Cavaliers ou Dragons, sera mis

à l'ordinaire, & ne pourra être employé à d'autre ufage qu'à leur nourriture & au payement du blanchiffage & du Frater.

Les Caporaux ou les Brigadiers ne mettront à l'ordinaire que la même fomme que les Soldats, Cavaliers ou Dragons.

131.

Les Fourriers, Sergens & Maréchaux-des-logis de chaque compagnie, feront chambrée entr'eux, fans pouvoir y admettre aucun Soldat, Cavalier ou Dragon.

Si l'ordinaire n'eft pas affez nombreux, les Fourriers, Sergens ou Maréchaux-des-logis de deux compagnies fe réuniront.

132.

Il fera donné aux Fourriers, Sergens & Maréchaux-des-logis, un fou de plus de prêt par jour, lequel fou fera pris fur leur haute-paye, & ajouté à la Maffe de l'ordinaire, pour établir une diftinction entre ledit ordinaire & ceux des Soldats.

133.

Le Caporal ou Brigadier, & les Soldats, Cavaliers ou Dragons de chaque chambrée, feront ordinaire enfemble; & lorfque les chambrées ne feront pas affez fortes, on en réunira deux, pour ne faire qu'un feul ordinaire.

134.

Le Tambour-major règlera les chambrées des Tambours qui feront ordinaire enfemble.

Quant à lui, il fe réunira à l'ordinaire des Fourriers & Sergens de la compagnie Colonelle.

135.

Chaque jour de prêt, l'état en fera dreffé par le Fourrier de chaque compagnie, déduction faite de l'argent qui pourroit être refté du prêt précédent fur la folde des Soldats, Cavaliers ou Dragons morts, défertés, partis par congés, ou entrés à l'hôpital : ledit Fourrier préfentera

cet état au Capitaine ou Commandant de la compagnie
qui le vérifiera & le fignera; le Fourrier le portera enfuite
chez l'Officier chargé de la caiffe, qui ne donnera l'argent
du prêt que fur cet état & à l'heure indiquée par le
Commandant du régiment.

136.

LE Capitaine ou Commandant de la compagnie étant
refponfable de l'argent du prêt, pourra l'aller ou l'envoyer
recevoir par le Lieutenant ou le Sous-lieutenant de la
compagnie; & dans tous les cas il y aura toujours un
Officier de la compagnie préfent à la diftribution qui fera
faite du prêt par le Fourrier aux chefs de chambrées.

137.

DANS un bataillon ou efcadron où il fe trouveroit,
par des accidens imprévus, quelques compagnies fans
Officier pour la commander, l'Aide-major ou Sous-aide-
major fignera l'état du prêt, qui lui fera porté par le
Fourrier, & veillera à ce que la diftribution en foit faite
aux chefs de chambrées.

138.

LE furplus de la paye d'un mois des Fourriers, Sergens , Maréchaux-des-logis , Caporaux , Brigadiers,
Appointés, Carabiniers, Grenadiers, Tambours & Trompettes, leur fera payé tous les quatre mois, par l'Officier
chargé de la caiffe, fur un état particulier figné par le
Capitaine ou Commandant de la compagnie.

Il fera toutefois déduit du décompte des Fourriers,
Sergens & Maréchaux-des-logis , un fou par jour, qui
conformément à *l'article 132*, leur fera donné en fupplément de prêt.

139.

LE décompte de haute-paye des défertés, fera mis
à la maffe du menu entretien.

Celui des morts fera donné à leurs héritiers, après
la déduction faite de ce qu'ils pourroient devoir.

140.

QUANT aux appointemens des Officiers fupérieurs, de ceux de l'État-major & des Officiers de chaque compagnie, ils leur feront payés le 2 de chaque mois pour le mois précédent, fur l'état qui en fera dreffé par le Major, figné par le Commandant du régiment, & envoyé enfuite à l'Officier chargé de la Caiffe.

141.

LE Commandant du régiment, fera tous les mois une vifite générale des havrefacs; à cet effet il fera raffembler le régiment à l'improvifte, & fans bruit de caiffe ou de trompette; chaque bas Officier, Soldat, Cavalier ou Dragon, apportera & déploiera devant lui fon havrefac ou porte-manteau, & le Commandant du régiment vifitera les effets qui y feront contenus; partageant une partie des bataillons ou efcadrons entre les Officiers fupérieurs, afin d'employer moins de temps à faire cette vifite.

142.

SI dans cette vifite on découvre qu'un Soldat, Cavalier ou Dragon, ait perdu ou vendu quelque chofe de ce qui lui aura été fourni, il fera mis au piquet, & le Major ordonnera le remplacement des effets perdus ou vendus, fur la maffe du linge & chauffure.

143.

LORSQU'UN Soldat, Cavalier ou Dragon, détruira ou perdra, par fa faute, quelque partie de fon armement, équipement, habillement ou harnachement, il fera de même condamné au piquet; mais alors les effets feront remplacés ou réparés fur les quinze livres qu'il aura à la maffe.

144.

LE Commandant du régiment veillera à ce que les Officiers payent régulièrement leurs auberges tous les mois, & à ce que le prix defdites auberges ne foit point porté trop haut.

145. ENTEND

145.

ENTEND Sa Majesté que les Intendans des provinces, prennent toutes les précautions nécessaires pour que le prix des denrées & des fourrages n'augmente pas dans les villes & places de leur généralité, lorsqu'il y aura des troupes ; & Elle les charge d'y tenir la main avec la plus grande exactitude.

146.

TOUT Officier qui aura contracté des dettes, sera mis en prison jusqu'à ce qu'il ait acquitté lesdites dettes ; & si c'est au départ du régiment, on se conformera à ce qui est réglé par les *articles 24 & 25 du Titre 32*.

147.

LES Commandans des corps veilleront avec le plus grand soin, à ce que leurs régimens ne s'écartent en aucun point de la discipline & police prescrites par le *présent Titre*.

TITRE 22.

Des Exercices des Troupes.

ARTICLE PREMIER.

LES Troupes se conformeront avec la plus grande exactitude, pour leurs différens Exercices, à ce qui est prescrit par les Ordonnances d'Exercice.

2.

LES Officiers généraux & les Inspecteurs, rendront compte à Sa Majesté des progrès de chaque régiment, & tiendront la main à ce que lesdites Ordonnances soient exactement suivies.

3.

A cet effet, ils assisteront, le plus souvent qu'il leur

Service des places. R r

fera poſſible, aux Exercices des troupes qui feront fous leurs ordres.

4.

LES Commandans des régimens, demanderont la permiſſion, une fois pour toutes, au Commandant de la place, pour les Exercices de détail & de claſſe qu'ils voudront faire faire dans l'intérieur de la place; mais jamais les bataillons ou eſcadrons du régiment ne feront l'Exercice en entier, dedans ou dehors de la place, fans une permiſſion particulière.

5.

LORSQUE les Troupes devront fortir de la place pour les Exercices, elles préviendront le Commandant de la place, de l'heure & de la porte par laquelle elles devront rentrer, afin que ledit Commandant envoie un ordre à la garde de cette porte, de les laiſſer rentrer fans retard, après les avoir toutefois fait reconnoître avec les précautions ordonnées.

6.

IL fera fourni chaque année, pour les Exercices, cinq cents livres de poudre & deux cents cinquante livres de plomb en balles, à chaque bataillon d'Infanterie françoiſe ou étrangère; cinquante livres de poudre & vingt-cinq livres de plomb à chaque eſcadron de Cavalerie; & trois cents livres de poudre avec cent cinquante livres de plomb à chaque régiment de Dragons.

7.

CES munitions feront diſtribuées aux Troupes, des magaſins de Sa Majeſté, dans les places où il y en aura, & par les Commiſſaires des poudres dans les villes où il n'y aura point de magaſin d'artillerie.

8.

LES Commandans des places veilleront auſſi à ce que ces munitions ne foient délivrées aux Troupes que par parties, & à mesure qu'elles en auront besoin; sans souffrir que, sous tel prétexte que ce soit, elles puissent prendre tout-à-la-fois, ni qu'il leur soit jamais tenu compte des munitions qui n'auront pas été consommées.

9.

SUR ces munitions, seront prises les cartouches à balles qui, conformément aux *articles 73 & 77 du Titre 21*, doivent être données aux Soldats, Cavaliers ou Dragons de garde.

10.

LES Officiers généraux, les Inspecteurs & les Commandans des places, veilleront pour la distribution des munitions à ce qui est prescrit par les *articles 7, 8 & 9*, & à ce qu'elles soient employées par les Troupes le plus utilement qu'il sera possible.

11.

LES balles qui auront servi à tirer à la sible, & qui auront été retrouvées, pourront être échangées dans les magasins du Roi, où il en sera rendu pareil poids façonné, indépendamment de la fourniture ci-dessus réglée.

12.

TOUT Soldat, Cavalier ou Dragon qui vendra ou détournera les munitions qui lui auront été données, sera mis au piquet pendant quinze jours, & puni plus rigoureusement suivant l'exigence du cas.

13.

INDÉPENDAMMENT des Exercices ordinaires de l'Infanterie, il sera fait chaque année dans les places de guerre, des Exercices simulés, relatifs à l'attaque & à la défense desdites places.

14.

CES Exercices embrasseront quelques-unes des opérations auxquelles l'Infanterie est employée dans les siéges, comme attaque & défense de chemins couverts, construction d'épaulement, traverses, coupures, logemens, passage de foſſés dans les places où les foſſés feront à fec, &c.

15.

ON choiſira à cet effet, les temps de l'année où les herbes des glacis feront coupées & renfermées, & les parties de chemins couverts qui ne feront point revêtus de paliſſades.

16.

L'OFFICIER général ou Commandant de la place, arrêtera d'avance, avec l'Ingénieur en chef de ladite place, les diſpoſitions de l'opération qu'on voudra faire exécuter.

17.

LES ordres feront donnés aux Troupes en conféquence; on y emploiera toujours les compagnies de Grenadiers; & pour éviter que la quantité de Troupes ne nuiſe aux détails d'inſtruction, il n'y aura jamais à ces Exercices plus de quatre bataillons.

18.

LES Ingénieurs dirigeront les Troupes chargées des différentes opérations de défenſe & d'attaque, faiſant connoître aux unes la meilleure manière d'occuper les ouvrages, l'avantage & les moyens de fe procurer des tirs horizontaux, croiſés, directs ou de flanc; aux autres la direction la moins meurtrière à fuivre pour arriver fur les ouvrages; la partie de ces ouvrages la plus dégarnie de feu & la plus fufceptible d'attaque; & enſuite quand elles les auront emportées, la manière de s'y loger promptement, la forme & la conſtruction du logement, les précautions à prendre contre les aſſiégés, &c.

19.

POUR donner aux Troupes une notion pratique encore plus exacte, le tracé du logement & des traverſes & coupures fera figuré avec des bottes de paille ou faſcines qui feront priſes, à cet effet, dans les magaſins, & y feront reportées après les Exercices.

20. CES

20.

CES Exercices feront répétés une fois tous les quinze jours pendant l'été, & dans les temps indiqués à l'*article 15 du préfent Titre* : les premiers fe feront fans poudre, afin d'y enfeigner uniquement aux Troupes, les emplacemens qu'elles devront occuper; mais dans les autres, il fera toujours diftribué des munitions.

21.

DANS les places où il y aura des terrains propres à cet ufage, il fera établi, pendant huit jours de l'année, une École de conftruction pour tous les ouvrages de campagne, à l'ufage des poftes d'Infanterie, comme flèches, redans, redoutes, &c.

22.

CES ouvrages feront dirigés par les Ingénieurs; & toute l'Infanterie de la garnifon y fournira les Travailleurs néceffaires.

23.

TOUS les Officiers feront tenus de fe trouver, foir & matin, fur le terrain de ces travaux, afin de prendre des notions pratiques fur le tracé, la dimenfion, la conftruction & l'ufage des différens ouvrages de campagne.

24.

VEUT Sa Majefté, qu'il lui foit rendu compte par les Infpecteurs & Officiers généraux, des Officiers de fon Infanterie qui développeront des talens dans ces Exercices, & de ceux qui y montreront de l'application.

TITRE 23.
Des Diftributions.

ARTICLE PREMIER.

LE Quartier-maître du régiment, fera chargé des diftributions de toute efpèce, il en tiendra les états, donnera les reçus, en y faifant mention des quantités qui auront été délivrées à chaque compagnie, & veillera à ce que lefdites diftributions fe faffent en règle.

2.

EN l'abfence ou au défaut du Quartier-maître, il fe trouvera un Officier-major à toutes les diftributions.

3.

LE Quartier-maître prendra à l'avance des Fourriers des compagnies, l'état de chaque diftribution de pain, viande, fourrage & autres, & en dreffera un état général par compagnie, bataillon, efcadron & régiment, qu'il fera figner au Major.

4.

LORSQUE les Soldats, Cavaliers ou Dragons devront aller à quelque diftribution, on les affemblera en vefte ou farrau & en bonnet; ils y feront conduits en règle par le Fourrier de la compagnie ou autre bas Officier chargé de la diftribution, & par des Officiers ou bas Officiers armés en proportion de leur nombre & de l'éloignement du lieu où devra fe faire la diftribution.

5.

LORSQUE les Soldats, Cavaliers ou Dragons n'excéderont pas le nombre de cent, il ne fera commandé pour les conduire qu'un Lieutenant ou un Sous-lieutenant; mais s'ils excèdent ce nombre, on commandera un Capitaine fur tout le régiment, avec des Officiers fubalternes à proportion.

6.

SI la diftribution doit être faite hors de la place, on commandera de plus un petit détachement armé pour fervir d'efcorte aux Soldats, Cavaliers & Dragons, & pour leur police.

7.

LES Officiers, bas Officiers & Soldats commandés pour l'efcorte & police des diftributions, y marcheront par tour de corvées.

8.

Les Soldats, Cavaliers ou Dragons qui iront aux distributions, seront avant leur départ formés par compagnies, bataillons ou escadrons, & partagés par divisions égales à proportion de leur nombre; ils se mettront ensuite en marche, & seront conduits jusqu'au lieu de la distribution, avec autant d'ordre que s'ils étoient sous les armes.

9.

Lorsqu'ils y seront arrivés, l'Officier qui les commandera, les mettra en bataille; & aucuns d'eux ne pourra s'écarter de son rang.

10.

Il ira ensuite examiner, conjointement avec le Quartier-maître (qui se sera rendu, avant l'arrivée de la troupe, au magasin ou lieu de la distribution); si les denrées qui doivent être distribuées à la troupe sont d'une bonne qualité, & si le poids & les mesures sont justes.

11.

Lorsqu'il y aura fraude ou abus de la part des Entrepreneurs ou autres Fournisseurs, le Quartier-maître en fera avertir sur le champ le Commandant du corps & le Commandant de la place, lesquels seront obligés de se rendre, sans perdre de temps, au lieu de la distribution, pour examiner le sujet de la plainte & contenir la troupe en bon ordre.

12.

Le Quartier-maître, ou tout autre, présent à la distribution, en fera aussi prévenir en même temps le Commissaire des guerres qui s'y transportera sur le champ, constatera si l'objet des plaintes est fondé, & dans le cas d'abus ou fraude manifeste de la part desdits Entrepreneurs ou Fournisseurs, il y remédiera sur le champ, & dressera un procès-verbal qu'il adressera au Secrétaire d'État ayant le département de la guerre, & à l'Intendant de la généralité : sur ce procès-verbal, il fera donné tels ordres qu'il appartiendra pour la punition des délits.

13.

DÉFEND Sa Majesté aux Officiers-majors, Quartier-maître ou autres chargés de la diftribution, de se faire, en aucuns cas, juftice eux-mêmes.

14.

TOUT étant prêt pour la diftribution, la première divifion ira recevoir ce qui devra lui être fourni; après qu'elle l'aura reçu, la feconde en fera de même & ainfi des autres.

15.

LORSQUE la diftribution d'un régiment fera commencée, elle ne pourra être interrompue par l'arrivée d'un régiment plus ancien que celui dont la diftribution fera commencée; mais fi plufieurs régimens arrivent en même temps, on commencera la diftribution par le plus ancien.

16.

A mefure que la diftribution d'une compagnie fera faite, les Soldats, Cavaliers ou Dragons de cette compagnie retourneront fous les ordres de leurs bas Officiers, au quartier, fans pouvoir entrer dans aucune maifon en chemin.

Le détachement armé, s'il y en a un, fera l'arrière-garde du tout.

TITRE 24.

Des Hôpitaux.

ARTICLE PREMIER.

LES Commiffaires des guerres continueront d'être fpécialement chargés de la police & de l'infpection des hôpitaux militaires, fubordonnément aux Intendans qui en feront chargés fupérieurement.

2.

IL fera commandé tous les jours à l'ordre général, un Capitaine fur toute la garnifon, pour faire foir & matin la vifite d'hôpital ; cet Officier examinera fi les malades font tenus proprement & s'ils n'ont aucun fujet de plainte, auquel cas il en rendra compte au Commandant de la place, qui en fera avertir le Commiffaire des guerres.

3.

LES Officiers fupérieurs des régimens, feront de temps en temps une pareille vifite, pour voir par eux-mêmes fi les malades de leur régiment font bien de tout point, & rendront compte de leur vifite, au Commandant de la place.

4.

LES Commandans des places feront tous les mois, & plus fouvent s'ils le croient néceffaire, la vifite de l'hôpital, pour examiner fi tout eft en ordre; ils ne pourront rien y ordonner, mais ils rendront compte au Secrétaire d'État ayant le département de la guerre, des abus qui pourroient s'y commettre.

5.

L'INTENTION de Sa Majefté eft au furplus, qu'on fe conforme pour l'adminiftration, tenue & police des hôpitaux, à ce qu'Elle a réglé par fon ordonnance du 1.er janvier 1747, & à fes décifions poftérieures.

TITRE 25.

Des Prifons militaires.

ARTICLE PREMIER.

LES prifons militaires d'une place, feront toujours féparées des prifons civiles; & à cet effet, à mefure que les circonſtances le permettront, il ſera bâti des priſons militaires dans les places où il n'y en aura pas.

2.

CES priſons militaires ſeront diſpoſées de manière que les chambres ou ſalles deſtinées pour les Soldats, Cavaliers, Dragons, Tambours & Trompettes, n'aient point de communication avec celles dans leſquelles on devra mettre les bas Officiers, ni celles-ci avec les chambres des Officiers.

3.

A cet effet, la priſon des bas Officiers, ſera placée dans des chambres particulières ; défendant Sa Majeſté à tous Geoliers des priſons militaires, de ſe réſerver aucune chambre, ſous tel prétexte que ce ſoit, à la réſerve de celle deſtinée à leur logement.

4.

CHAQUE cachot ſera pareillement ſéparé, & n'aura aucune communication, ni avec les autres cachots, ni avec les ſalles ou autres chambres de la priſon.

5.

IL n'y aura d'autres meubles dans les chambres deſtinées aux Officiers, qu'un lit garni, une table, une chaiſe, un chandelier & un pot-à-l'eau; ces meubles & uſtenſiles ſeront fournis aux dépens de Sa Majeſté, laquelle défend très-expreſſément aux Geoliers d'en louer ou d'en laiſſer entrer d'autres.

6.

TOUT Officier qui ſera mis en priſon, ne pourra être viſité par qui que ce ſoit, ſans une permiſſion par écrit du Commandant du corps, viſée par le Commandant de la place.

7.

IL n'y aura dans les chambres des bas Officiers, Soldats, Cavaliers ou Dragons, d'autres meubles que des bois de lits & des baquets ; leſquels ſeront fournis aux dépens de Sa Majeſté.

8.

IL sera fourni une botte de paille du poids de douze livres à chaque bas Officier, Soldat, Cavalier ou Dragon, le jour qu'il entrera en prison, & cette paille sera renouvelée tous les huit jours.

9.

TOUT bas Officier, Soldat, Cavalier ou Dragon qui sera mis en prison, y sera au pain & à l'eau; il lui sera donné chaque jour, indépendamment de la ration fournie par Sa Majesté, une livre de pain de plus, dont la dépense sera prise sur sa solde, & le surplus de ladite solde sera employée, comme il est prescrit par *l'article 26 du Titre 21.*

10.

LORSQU'UN bas Officier, Soldat, Cavalier ou Dragon, tombera malade dans la prison, le Geolier en fera avertir sur le champ un Sergent ou Maréchal-des-logis de la compagnie de laquelle sera le prisonnier malade, celui-ci en avertira le Chirurgien-major du régiment, & à son défaut, celui de l'hôpital militaire, qui sera obligé de venir aussitôt visiter le malade; & s'il le trouve dans le cas d'aller à l'hôpital, il en donnera avis au Commandant du régiment, lequel fera demander par le Major ou un Aide-major au Commandant de la place, la permission de faire sortir de prison le Soldat, Cavalier ou Dragon malade, pour l'envoyer à l'hôpital.

11.

LE Commandant de la place ayant donné ladite permission par écrit au Major ou Aide-major du régiment, celui-ci l'enverra au Geolier, & le prisonnier malade sera conduit à l'hôpital par un Sergent ou Maréchal-des-logis de sa compagnie; si le prisonnier est criminel, il sera escorté à l'hôpital par un Caporal & quatre Fusiliers de son régiment, & il sera gardé jour & nuit par une sentinelle, qui à cet effet, sera placée à côté de son lit, & qui y sera relevée toutes les heures.

12.

LE Geolier ne pourra, fous peine d'être chaffé, laiffer entrer d'autres alimens pour les bas Officiers, Soldats, Cavaliers ou Dragons, que du pain & de l'eau.

13.

IL lui fera défendu, fous la même peine, de vendre ou donner auxdits bas Officiers, Soldats, Cavaliers & Dragons, aucune autre efpèce d'alimens ou de boiffon, ni de les placer féparément des autres prifonniers de leur claffe, chaque prifonnier devant refter dans la chambre commune à fon grade.

14.

LEDIT Geolier ne pourra demander pour la fortie de chaque prifonnier qu'un demi-jour de la folde, & il ne fouffrira pas que, fous prétexte de bien-venue ou tout autre, on exige d'aucun prifonnier de l'argent ; indépendamment du demi-jour de la folde, il fera payé au Geolier, fur l'ordonnance de l'Intendant du département, un fou par jour pour la paille de chaque prifonnier.

15.

LE Geolier tiendra un regiftre, coté & paraphé feuille par feuille, par le Major de la place, fur lequel il enregiftrera les prifonniers qui entreront ou fortiront, & fera tenu d'en envoyer tous les matins un état au Major de la place ; & le 1.er de chaque mois, ledit Major en fera faire un extrait qu'il comparera avec les comptes qui lui auront été rendus par les régimens, pour conftater le nombre de jours des prifonniers du mois précédent ; il remettra enfuite ledit extrait figné de lui au Geolier, pour fervir à fon payement.

16.

LE Geolier fera fortir tous les jours, des chambres ou des falles, les prifonniers pour fe promener & prendre l'air pendant une heure dans la cour de la prifon ; chaque chambre ou falle aura une heure différente pour que les bas Officiers, Soldats, Cavaliers ou Dragons ne fe rencontrent pas.

17. IL

17.

IL fera nommé, tous les jours à l'ordre général, un Capitaine qui roulera fur toute la garnifon pour faire la vifite de la prifon, vérifier fi la police y eft exercée, fi le Geolier exécute ce qui lui eft ordonné, s'il n'y a pas de bas Officiers, Soldats, Cavaliers ou Dragons qui foient malades, & en rendre compte enfuite au Commandant de la place.

18.

LES régimens étrangers, autorifés à retenir leurs Soldats dans des prifons particulières, ne pourront cependant fe difpenfer de fe conformer, à l'égard de l'État-major de la place, à ce qui eft prefcrit aux régimens françois.

TITRE 26.

Des Confeils de guerre & Exécutions.

ARTICLE PREMIER.

LES Confeils de guerre qui feront affemblés dans les places, fe tiendront chez les Commandans defdites places, & lefdits Commandans y préfideront.

2.

LES Majors des places inftruiront les procès qui devront être jugés par le Confeil de guerre, & donneront leurs conclufions fans avoir voix délibérative.

3.

SI le Major d'une place fe trouve Commandant, ou s'il eft abfent, le premier Aide-major remplira fes fonctions.

4.

AUCUN Officier ne fera mis au Confeil de guerre, fans un ordre de Sa Majefté; le Commandant de la place pourra cependant, dans les cas qui requerront célérité, faire entendre des témoins pour conftater la vérité des faits, & rendre enfuite compte de ces informations, au Commandant de la province, & au Secrétaire d'État ayant le département de la guerre.

5.

LORSQU'UN Soldat, Cavalier ou Dragon d'une garnifon où il y aura État-major, y commettra un crime ou délit pour lequel il devra être jugé par un Confeil de guerre, l'Officier commandant la compagnie dont fera l'accufé, & à fon défaut ou refus, le Major du régiment rendra fa plainte au Commandant de ladite place, pour obtenir qu'il en foit informé.

6.

LEDIT Commandant de la place ne pourra refufer de recevoir ladite requête fans des raifons très-graves, dont il informera fur le champ le Secrétaire d'État ayant le département de la guerre, pour en rendre compte à Sa Majefté.

7.

LA requête ayant été répondue d'un *foit fait ainfi qu'il eft requis,* fignée dudit Commandant de la place, fera remife au Major de la place, lequel procèdera à l'information, l'interrogatoire de l'accufé, le récolement des témoins & leur confrontation audit accufé, le tout en fuivant les formalités prefcrites par l'Ordonnance criminelle du mois d'août 1670, & de manière que la procédure foit parfaite en deux fois vingt-quatre heures au plus, à moins qu'il n'y ait des raifons effentielles qui exigent d'y employer un plus long temps.

8.

LORSQUE pour l'inftruction du procès, le Major de la place ou du quartier aura befoin de la dépofition de quelque témoin qui ne fera pas fujet à la juftice militaire, il s'adreffera aux Magiftrats du lieu, pour ordonner auxdits témoins de fe rendre, à cet effet, devant lui à une heure marquée, & les Magiftrats ne pourront refufer ledit ordre.

9.

LE procès étant en état, le Major de la place en rendra compte au Commandant de la place, qui ordonnera fans délai la tenue du Conseil de guerre.

10.

LE Conseil de guerre ne se tiendra que les jours ouvrables, hors les cas extraordinaires qui ne permettront pas de le différer.

11.

LES Officiers qui devront composer le Conseil de guerre, feront commandés à tour de rôle à l'ordre, par le Major, la veille du jour qu'il devra se tenir, & aucun d'eux ne pourra se dispenser de s'y trouver & d'y opiner.

12.

ILS feront au nombre de sept, y compris le Président.

13.

QUAND il n'y aura pas assez d'Officiers d'Infanterie dans une garnison, pour juger un Soldat, on aura recours aux Officiers de Cavalerie & de Dragons de la même garnison; & réciproquement lorsqu'il s'agira du jugement d'un Cavalier ou Dragon, s'il n'y a pas dans la garnison suffisamment d'Officiers de ces deux corps, on y appellera des Officiers d'Infanterie de la garnison.

14.

SI en rassemblant tous les Officiers de la garnison de ces différens corps, il ne s'en trouvoit pas le nombre requis pour tenir le Conseil de guerre, le Commandant de la place y suppléera en appelant les Officiers, soit d'Infanterie, soit de Cavalerie ou de Dragons des garnisons voisines, lesquels, sous aucun prétexte, ne pourront se dispenser de s'y rendre.

15.

LES Officiers de la garnison, où se tiendra le Conseil de guerre, ne pourront faire difficulté d'admettre les Officiers des places voisines, qui auront été ainsi appelés, ni prétendre avec eux d'autre rang que celui qui est réglé pour l'Infanterie par ancienneté de corps , & pour la Cavalerie & les Dragons par ancienneté de commiffions ou brevets; les Officiers de Cavalerie devant avoir la préféance fur ceux de Dragons.

16.

LORSQU'UN Capitaine de la garnifon , où le Confeil de guerre fe tiendra, commandera dans la place , il aura la préféance fur ceux qui fe rendront dans ladite place, quoique d'un corps plus ancien.

17.

AU défaut d'Officiers dans les places & les garnifons voifines, pour juger les Soldats , Cavaliers & Dragons , on admettra au Confeil de guerre des Fourriers, Sergens & Maréchaux-des-logis de la garnifon jufqu'au nombre néceffaire.

18.

TOUS ceux qui devront compofer le Confeil de guerre, fe rendront chez le Commandant de la place, qui devra préfider audit Confeil de guerre, à l'heure de la matinée qui leur aura été prefcrite , & ils iront avec lui entendre la Meffe, qui fera dite avant la tenue du Confeil de guerre.

19.

LESDITS Officiers feront à jeûn, ceux d'Infanterie feront en guêtres & porteront leur hauffe-col; ceux de Cavalerie & de Dragons feront en bottes.

20.

AU retour de la Meffe, le Préfident s'étant affis, les autres Juges prendront leur place alternativement à fa droite & à fa gauche; ceux d'Infanterie fe placeront fuivant leur grade & l'ancienneté des régimens dont ils feront; de manière que les Capitaines du fecond régiment ne prennent rang qu'après que ceux du premier feront placés, & ainfi des Lieutenans.

21.

A l'égard des Officiers de Cavalerie & de Dragons

ils

ils se placeront de même alternativement à droite & à gauche du Président, suivant leur grade, & prendront séance entr'eux, suivant l'ancienneté de leurs commissions ou brevets, conformément à ce qui est prescrit par *l'article 15.*

22.

LES Officiers de Cavalerie appelés à un Conseil de guerre d'Infanterie, & ceux d'Infanterie appelés à un Conseil de guerre de Cavalerie, prendront séance à la gauche du Président; & en ce cas les Officiers du corps dont sera l'accusé, se rangeront successivement à droite du Président.

23.

LE Commissaire des guerres ayant la police de la troupe dont sera l'accusé, ou dans le département duquel le Conseil de guerre se tiendra, y assistera s'il le juge à propos; en ce cas il aura la seconde place, & représentera aux Juges les Ordonnances relatives au délit dont il sera question.

24.

LE Major de la place s'asseoira près de la Table, vis-à-vis le Président, & apportera les Ordonnances militaires & les informations.

25.

TOUS les Officiers de la garnison, de quelque corps qu'ils soient, pourront être présens au Conseil de guerre; & ils s'y tiendront debout, chapeau bas & en silence.

26.

LES Juges étant assis & couverts; après que le Président aura dit le sujet pour lequel le Conseil de guerre sera assemblé, le Major de la place fera lecture de la requête contenant plaintes, des informations, du récolement & de la confrontation des témoins & de ses conclusions, qu'il sera tenu de signer.

Le Major se tiendra couvert comme les autres Juges,

pendant le rapport du procès, & ne se découvrira que lorsqu'il donnera ses conclusions.

27.

L'ACCUSÉ ayant été conduit au Conseil de guerre par une escorte de dix hommes de son régiment, aux ordres d'un bas Officier, aussitôt après la visite & la lecture entière du procès, le Président ordonnera qu'il soit amené devant l'assemblée, où il le fera asseoir sur la sellette, si les conclusions sont à peines afflictives; sinon, il y comparoîtra debout.

28.

LE Président, après lui avoir fait prêter serment de dire la vérité, procèdera à son dernier interrogatoire; chaque Juge pourra l'interroger à son tour, & il sera reconduit en prison dans le même ordre, quand les interrogatoires seront finis.

29.

L'ACCUSÉ étant sorti, le Président prendra les voix pour le jugement de l'accusé.

30.

LE dernier Juge opinera le premier, & ainsi de suite en remontant jusqu'au Président qui opinera le dernier.

31.

DANS le Conseil de guerre mêlé d'Officiers d'Infanterie, de Cavalerie & de Dragons, les Officiers de Cavalerie & de Dragons, opineront les premiers, s'il s'agit de juger un Fantassin; & ce seront les Officiers d'Infanterie, s'il s'agit de juger un Cavalier ou un Dragon.

32.

CELUI qui opinera, ôtera son chapeau, & dira à voix haute, que trouvant l'accusé convaincu, il le condamne à telle peine ordonnée pour tel crime, ou que le jugeant innocent, il le renvoie absous, ou si l'affaire lui paroît douteuse, faute de preuves, qu'il conclut à un plus ample informé, l'accusé restant en prison.

33.

A mesure que chaque Juge donnera son avis, il l'écrira au bas des conclusions du Major, & le signera.

34.

L'AVIS le plus doux prévaudra dans les jugemens, si le plus sévère ne l'emporte de deux voix, & l'avis du Président ne sera compté que pour une voix, comme celui des autres Juges.

35.

L'ACCUSÉ étant jugé, le Major de la place fera dresser la sentence suivant les modèles imprimés qui ont été envoyés à tous les corps ; tous les Juges signeront au bas, quand bien même ils auroient été d'avis différens de celui qui aura prévalu, & il en sera envoyé une expédition au Secrétaire d'État ayant le département de la guerre, & au Commandant de la province.

36.

LE Major de la place ira ensuite à la prison, avec celui qui lui servira de Greffier, & si l'accusé est renvoyé absous, il le fera mettre en liberté aussi-tôt que son jugement lui aura été prononcé.

37.

SI l'accusé est condamné à mort ou à une peine corporelle, le Major de la place le fera mettre à genoux pendant que le Greffier lui lira sa sentence ; dans le premier cas, on lui donnera aussitôt un Confesseur, & il sera exécuté dans la journée ; dans le second, il restera en prison jusqu'au moment de l'exécution.

38.

DÉFEND Sa Majesté aux Officiers généraux ou aux Commandans des places, d'ordonner ni souffrir, sous tel prétexte que ce puisse être, qu'il soit sursis à l'exécution d'un jugement du Conseil de guerre, sans un ordre exprès de Sa Majesté.

39.

DANS les cas néanmoins où des Soldats invalides feront prévenus de quelque crime ou délit militaire, toute la procédure fera inftruite fous l'autorité du Confeil de guerre, & conduite jufqu'à jugement définitif, exclufivement : L'intention de Sa Majefté étant qu'il foit furfis audit jugement, en attendant que fur le compte qui lui en fera rendu, il en foit par Elle ordonné; bien entendu que cette furféance n'aura lieu que pour les crimes qui exigeront une punition capitale.

40.

LE Commandant de la place pourra, s'il le juge à propos, faire prendre les armes à toute la garnifon, pour affifter aux exécutions, ou feulement au régiment dont fera le coupable, & à des détachemens des autres corps, lefquels détachemens fe placeront aux exécutions à la gauche du régiment dont fera le criminel, quand même ce régiment feroit le moins ancien.

41.

LE criminel fera amené fur le lieu de l'exécution, par un détachement d'un Lieutenant & vingt Grenadiers, & lorfqu'il y arrivera, les troupes feront fous les armes, les Tambours battant *aux champs*, les Trompettes fonnant *la marche*, & il fera publié à la tête de chaque troupe un ban, portant défenfe, fous peine de la vie, de crier *grâce*.

42.

LE criminel étant arrivé au centre des troupes, on le fera mettre à genoux, on lui lira fa fentence à haute voix, & s'il doit être remis entre les mains de l'Exécuteur, on le dégradera des armes, après quoi on le conduira au lieu du fupplice.

43.

CELUI qui aura été condamné à être pendu, fera paffé par les armes au défaut d'Exécuteur, & en ce cas il en fera fait mention au bas de la fentence.

44. L'EXÉCUTION

44.

L'EXÉCUTION étant faite, les troupes défileront devant le mort, le régiment dont sera l'exécuté marchant avant les détachemens des autres régimens.

TITRE 27.

Des Honneurs militaires.

ARTICLE PREMIER.

LORSQUE le Saint-Sacrement passera à la vue d'une garde ou d'un autre poste d'Infanterie, les Officiers, bas Officiers & Soldats du poste, prendront les armes, les présenteront, mettront le genou droit en terre, ôteront leur chapeau & le placeront sur le genou gauche, & les Tambours battront *aux champs.*

2.

SI le Saint-Sacrement passe devant une troupe d'Infanterie placée sous les armes, elle présentera de même les armes & mettra le genou droit en terre, le chapeau sur le genou gauche, les Officiers salueront du drapeau & du fusil, & mettront ensuite le genou en terre & le chapeau bas; les sentinelles en useront de même.

Il sera fourni du premier poste devant lequel passera le Saint-Sacrement, deux ou quatre Fusiliers pour son escorte; ces Fusiliers seront relevés de poste en poste & marcheront près du Saint-Sacrement, couverts.

3.

TOUTE troupe de Cavalerie ou de Dragons, étant à cheval, mettra le sabre à la main, le chapeau ou le casque sur la crosse du pistolet, les Officiers & étendards ou guidons salueront; si la troupe est à pied, les Cavaliers ou Dragons présenteront le mousqueton ou les armes, & mettront le genou en terre, le chapeau ou le cafque fur le genou gauche, les Trompettes & Tambours fonneront & battront *la marche*.

4.

Si la troupe, foit d'Infanterie ou de Cavalerie, étoit en marche, elle feroit *halte*, pour rendre les honneurs prefcrits ci-deſſus.

5.

AUX proceſſions du Saint-Sacrement, s'il y a aſſez d'Infanterie dans la place, elle bordera la haie de chaque côté des rues où la proceſſion devra paſſer; le poſte d'honneur fera à la droite de la porte de l'églife par laquelle la proceſſion fortira; le plus ancien régiment de la garnifon prendra la droite, le fecond prendra la gauche, les autres régimens fe formeront enfuite alternativement à droite & à gauche.

Toute la Cavalerie fera en bataille fur les places les plus commodes.

6.

LA première compagnie de Grenadiers de chacun des deux premiers régimens de la garnifon, marchera fur deux files, des deux côtés du dais, c'eſt-à-dire, celle du plus ancien régiment à la droite, & l'autre à la gauche, les Officiers étant à la tête defdites compagnies, fans prétendre de place à la fuite du dais. Les Grenadiers qui marcheront aux deux côtés du dais, feront couverts.

7.

LORSQU'IL n'y aura que de la Cavalerie dans la place, il en fera détaché un certain nombre de Carabiniers, plus ou moins confidérable, fuivant la force de la troupe, avec un nombre d'Officiers & de bas Officiers, à proportion, pour efcorter à pied le Saint-Sacrement, en marchant fur une file de chaque côté du dais : ce détachement portera alors le moufqueton & fera couvert, l'Officier qui le commandera marchera à la tête de fa troupe.

8.

LORSQUE Sa Majesté devra entrer dans une place ou lieu où il y aura des Troupes, toute l'Infanterie prendra les armes, bordera la haie des deux côtés de la rue par où Sa Majesté devra passer, & présentera les armes; les Officiers salueront du fusil & du drapeau, & les Tambours battront *aux champs*.

Toute la Cavalerie ira au-devant de Sa Majesté jusqu'au lieu qui lui sera indiqué par le Commandant de la place, les Officiers salueront du sabre & de l'étendard, les Timbales & Trompettes battront & sonneront *la marche*.

9.

ON regardera comme le poste d'honneur, le côté qui sera à droite en sortant du logis de Sa Majesté; mais si Elle ne loge pas dans la place, & qu'Elle ne fasse que la traverser, le poste d'honneur sera à la droite de la porte par laquelle Sa Majesté entrera.

I O.

LES Officiers généraux employés, s'il y en a dans la place, se mettront à la tête des Troupes.

I I.

LE Gouverneur, le Commandant & les autres Officiers de l'État-major de la place, se trouveront sur le glacis en dehors de la première barrière, pour présenter les clefs à Sa Majesté.

I 2.

IL sera fait trois salves de toute l'Artillerie de la place, après que Sa Majesté aura passé les ponts.

I 3.

SI Sa Majesté s'arrête dans la place, & que les Troupes destinées à sa garde particulière ne soient pas près de sa personne, il en sera fourni une par le plus ancien des régimens françois de la garnison, composée d'un bataillon, commandée par le Colonel avec le drapeau blanc, laquelle garde ne pourra être relevée par aucun autre régiment que celui qui l'aura fournie.

14.

IL fera mis pareillement dans le même cas, devant le logis de Sa Majefté, un efcadron de garde du plus ancien régiment de Cavalerie de la garnifon, commandé par le Meftre-de-camp, lequel efcadron fournira deux vedettes, le fabre à la main devant la porte, & fera relevé fucceffivement par les premiers efcadrons des autres régimens de la garnifon.

Lorfque Sa Majefté fortira de la place, l'Infanterie bordera pareillement la haie jufqu'à la porte par laquelle Elle devra fortir, & la Cavalerie fe trouvera fur fon paffage hors de la place, & dès que Sa Majefté en fera fortie, on la faluera par trois décharges de toute l'artillerie.

15.

QUAND les Princes du Sang ou les Princes légitimés de France, pafferont par une place ou s'y arrêteront, l'Infanterie fera en haie de chaque côté de la rue, préfentant les armes, la Cavalerie ira au-devant d'eux, les Troupes les falueront, l'État-major les recevra à la barrière ; on fera une décharge générale de l'artillerie de la place, & leur garde fera de cinquante hommes commandés par un Capitaine avec un Lieutenant, un Porte-drapeau, & un drapeau de couleur.

16.

LES Maréchaux de France feront reçus, l'Infanterie étant pareillement en haie, & préfentant les armes ; la Cavalerie ira au-devant d'eux, ils feront falués par les Troupes, l'État-major fe trouvera à la barrière de la ville ; on tirera pour eux douze volées de canon, & à leur arrivée ils trouveront devant leur logis une garde de cinquante hommes, avec un drapeau de couleur, commandés par un Capitaine, un Lieutenant & un Porte-drapeau.

17.

LES Gouverneurs & Lieutenans généraux des provinces, lorfqu'ils voudront faire leur entrée d'honneur dans

les

les places, citadelles & châteaux de leur département, ce qu'ils ne pourront faire qu'une fois feulement ou à chaque mutation de Gouverneur particulier en icelle, en donneront avis au Gouverneur ou Commandant de la place pour qu'il fe difpofe à les recevoir.

18.

ILS entreront dans la place en voiture ou à cheval, à leur option, précédés de leurs gardes, portant la carabine & la cafaque de livrée, & accompagnés de leurs Gentilshommes & autres de leur fuite.

19.

LE Gouverneur ou Commandant de la place fe trouvera à la barrière pour les recevoir & les accompagner par-tout, jufqu'à leur fortie de la place.

20.

LA garnifon fera en haie, portant les armes, les Officiers falueront & les Tambours appelleront; on tirera cinq volées de gros canon; il leur fera donné une garde de trente hommes commandés par un Lieutenant, le Tambour appellera.

21.

LE Commandant de la place prendra l'ordre d'eux, le jour de leur arrivée & celui de leur départ, & ils le donneront au Major les autres jours.

22.

LES Gardes des portes & autres fe mettront en haie ou en bataille fur leur paffage, & à leur fortie on tirera pareillement cinq volées de gros canon.

23.

* SI les Gouverneurs & Lieutenans généraux, ayant fait leur entrée d'honneur, retournent dans les places de leur gouvernement après un an & un jour d'abfence, les Gouverneurs & Commandans des places les iront recevoir à l'entrée d'icelles, & il en fera ufé pour leur garde & pour le mot comme il vient d'être expliqué; mais les Troupes ne prendront pas les armes.

Service des places.   . Z z

24.

LESDITS Gouverneurs ou Lieutenans généraux des provinces, qui feront Maréchaux de France ou Lieutenans généraux des armées, recevront les honneurs qui leur font dûs dans lefdites qualités.

25.

QUAND les Gouverneurs ou Lieutenans généraux, après avoir pris l'agrément de Sa Majefté, fe trouveront dans leur département, ils feront falués & reçus par les Troupes, quand ils ne feroient pas Officiers généraux, de même que les Lieutenans généraux des armées commandant dans les provinces.

26.

LES Lieutenans généraux des armées, commandans en chef dans une province, feront falués de cinq volées de canon, lors de leur première entrée dans les places.

27.

ON enverra à leur logis, après leur arrivée, une garde de cinquante hommes, fans drapeau, commandés par un Capitaine; le Tambour appellera.

28.

LES Troupes ne les falueront que la première fois qu'ils les verront, après leur arrivée dans leur commandement, & la dernière avant leur départ.

29.

CEUX defdits Lieutenans généraux des armées, qui commanderont fous d'autres Chefs, ou qui feront feulement employés par lettres de fervice, n'auront qu'une garde de trente hommes, commandés par un Lieutenant; le Tambour appellera.

30.

LES gardes ou poftes à pied des places ou des quartiers, prendront les armes pour les Lieutenans généraux des armées qui commanderont dans les provinces, ou y feront employés par lettres de fervice, & les Tambours defdites gardes appelleront pour eux.

31.

LES gardes ou postes de Cavalerie à cheval, monteront à cheval, mettront le sabre à la main, & les Trompettes sonneront *la marche* pour les Princes du Sang, les Princes légitimés & les Maréchaux de France ; les Trompettes ne sonneront que *des appels* pour les Lieutenans généraux des armées & pour les Gouverneurs & Lieutenans généraux des provinces.

32.

LES Maréchaux-de-camp, commandans en chef dans les provinces, auront trente hommes & un Lieutenant ou Sous-lieutenant de garde, avec un Tambour qui appellera.

33.

LES Maréchaux-de-camp, commandans en second ; ou qui auront seulement des lettres de service, n'auront que quinze hommes de garde, commandés par un Sergent, & le Tambour qui les conduira à leur logis, n'y restera point.

34.

LES Gardes d'Infanterie, prendront & porteront les armes pour lesdits Maréchaux-de-camp, commandans ou employés ; mais le Tambour prêt à battre, ne battra point ; les Gardes à cheval monteront à cheval & mettront le sabre à la main, les Trompettes se tiendront pareillement prêts à sonner, mais ils ne sonneront point.

35.

LES Gardes à cheval, seront tenus de monter à cheval pour le Gouverneur ou Commandant de la place, mais ils ne mettront point le sabre à la main.

36.

LE Brigadier commandant dans une province, aura un Caporal & dix hommes ; & s'il n'est employé que par lettres de service, il aura seulement une sentinelle à la porte de son logis.

37.

Les Gardes des places prendront les armes & se reposeront dessus, pour les Brigadiers qui commanderont dans la province, & elles ne prendront point les armes pour les autres.

38.

Les Inspecteurs généraux des Troupes, qui seront Officiers généraux des armées ou Brigadiers, recevront, pendant le temps de leur inspection seulement, les mêmes honneurs dans les places que s'ils y étoient employés par lettres de service dans lesdites qualités, conformément à *l'article 7 du Titre* 1.er

39.

Quand les Directeurs des fortifications auront ordre de faire les visites des places de leur direction, ils y jouiront des honneurs attribués à leur grade, comme il est établi pour les Inspecteurs généraux de ses Troupes par *l'article 38 du présent Titre,* sans toutefois qu'ils puissent former la même prétention dans les places de leur résidence ordinaire, ni dans aucune autre où ils iroient ou séjourneroient hors du temps de leur tournée pour quelqu'objet que ce puisse être, à moins qu'ils n'y soient autorisés par des lettres de service ou autre ordre spécial de Sa Majesté.

40.

S'il se trouve en même temps dans une place plusieurs Princes du Sang & Maréchaux de France, leurs gardes prendront respectivement les armes lorsqu'ils se visiteront, & les Tambours battront *aux champs.*

Les autres gardes d'honneur ne prendront les armes que pour les Princes du Sang & les Maréchaux de France & pour celui qu'elles garderont.

41.

Les gardes d'honneur seront fournies par le plus ancien régiment françois de la garnison, & lorsqu'il y

en

en aura plufieurs à fournir, la première fera fournie par le premier régiment, la feconde par le plus ancien après le premier, & ainfi des autres fucceffivement.

42.

Les gardes des Princes du Sang & des Maréchaux de France, feront pofées devant leur logis avant leur arrivée, celles des Lieutenans généraux & autres Officiers inférieurs n'y feront envoyées qu'après.

43.

Les gardes d'honneur, ainfi que tout le fervice intérieur de la place, feront formées d'un nombre égal d'hommes pris fur toutes les compagnies du régiment.

44.

Les Tambours battront toujours *aux champs*, & les Trompettes fonneront *la marche* pour ceux qui auront une garde avec un drapeau.

45.

Dans le cas d'affemblée d'armées où les garnifons ne feroient pas affez nombreufes pour fournir des gardes aux Officiers généraux employés qui fe trouveront dans la place, ou lorfque lefdits Officiers généraux jugeront à propos de ne pas conferver leur garde en entier, afin de ne pas fatiguer les Troupes, on mettra feulement des fentinelles à la porte de leur logis, favoir ; deux fentinelles tirées des Grenadiers, à la porte d'un Lieutenant général ; & deux fentinelles tirées des Fufiliers à celle d'un Maréchal-de-camp.

Le nombre d'hommes néceffaire pour fournir toutes ces fentinelles, fera placé dans le corps-de-garde le plus voifin du logement où ces fentinelles devront être fournies.

46.

Les Troupes qui pafferont dans les places, ou qui n'y féjourneront qu'un ou deux jours, ne feront point tenues d'y fournir des gardes d'honneur.

Service des places.   A a a.

47.

Les Gouverneurs particuliers, Lieutenans de Roi & Commandans des places, ne pourront exiger qu'une sentinelle, quand même ils seroient Officiers généraux, à moins qu'ils n'eussent des lettres de service en cette qualité ; mais cette sentinelle sera tirée des Grenadiers pour les Gouverneurs, Commandans & Lieutenans de Roi, Officiers généraux ; au lieu qu'elle ne sera fournie que par les compagnies de Fusiliers pour les Gouverneurs, Commandans & Lieutenans de Roi qui ne seront point Officiers généraux, & pour tous autres Commandans inférieurs.

48.

Si lesdits Gouverneurs particuliers, Lieutenans de Roi ou autres Commandans sont Officiers généraux, quoique sans lettres de service, les postes à portée desquels ils passeront, sortiront du corps-de-garde, & se reposeront sur les armes, mais sans prendre les armes s'ils ne sont pas Officiers généraux.

49.

Il sera aussi fourni une sentinelle à la porte du Trésorier des Troupes de la place, & une à l'hôpital militaire.

50.

Au défaut d'Infanterie dans une place, la Cavalerie fournira deux sentinelles à pied, à la porte d'un Lieutenant général employé ; elle en fournira pareillement deux à la porte d'un Maréchal-de-camp, & une seulement à la porte du Gouverneur ou autre Commandant de la place.

51.

A l'égard des honneurs & prérogatives dûs aux Colonels généraux, ainsi qu'aux Mestres-de-camp généraux de la Cavalerie & des Dragons, & au Commissaire général de la Cavalerie, l'intention de Sa Majesté est que toutes les Troupes se conforment à l'usage suivi, jusqu'à ce

qu'Elle ait fixé définitivement par une Ordonnance particulière les droits, honneurs & prérogatives qui doivent
être attribués à leurs charges.

52.

LORSQUE des Ambaſſadeurs des Couronnes étrangères, entreront dans une place, en ſe rendant à la
Cour, on tirera pour eux douze volées de canon; on
leur donnera une garde de cinquante hommes avec un
drapeau de couleur, & on tirera pareillement à leur ſortie
douze volées de canon.

53.

ON rendra les mêmes honneurs aux Ambaſſadeurs
de Sa Majeſté allant dans les Cours étrangères; mais on
ne les leur rendra que dans la dernière place de la frontière,
lorſqu'ils ſortiront du royaume pour ſe rendre dans leſdites
Cours, & lorſqu'ils y rentreront après avoir fini le temps
de leur ambaſſade, & on ne leur rendra aucuns honneurs
dans les autres places.

54.

LES troupes ne fourniront dans aucun cas des ſentinelles d'honneurs, que celles ci-deſſus nommées.

Défendant Sa Majeſté à tout Officier, d'exiger qu'on
lui rende d'autres honneurs que ceux qui viennent d'être
attribués à ſon grade; & à toutes les Troupes, d'en rendre
à qui que ce ſoit au-delà de ce qui eſt preſcrit ci-deſſus.

TITRE 28.

Des Honneurs funèbres.

ARTICLE PREMIER.

LORSQU'UN Maréchal de France mourra dans une
place, on tirera un coup de canon de demi-heure en
demi-heure, depuis ſa mort juſqu'au départ de ſon convoi.

L'Infanterie de la garnifon prendra les armes; la Cavalerie montera à cheval, & le tout marchera à la tête du convoi.

Quand le corps fera mis en terre ou dépofé, on tirera trois décharges de douze pièces de canon chacune, & autant de falves de la moufqueterie des Troupes, comme il fera expliqué ci-après.

2.

Pour le convoi d'un Gouverneur ou Lieutenant général de province, ou pour celui d'un Lieutenant général des armées, commandant dans une province, toute l'Infanterie de la garnifon marchera pareillement; toute la Cavalerie montera auffi à cheval, & il fera fait trois décharges de cinq pièces de canon.

3.

Pour le convoi d'un Maréchal-de-camp, commandant dans une province, on rendra les mêmes honneurs que pour celui d'un Lieutenant général; à la réferve qu'il ne fera point tiré de canon.

4.

Pour le convoi d'un Lieutenant général employé, la moitié de la garnifon, tant d'Infanterie que de Cavalerie, prendra les armes; & pour celui du Maréchal-de-camp auffi employé, le tiers de la garnifon feulement.

5.

On rendra les mêmes honneurs à tous les Officiers généraux non employés.

6.

Au convoi d'un Brigadier employé, on fera marcher un détachement d'un Capitaine & cinquante hommes de chacune des troupes d'Infanterie, de Cavalerie ou de Dragons de la garnifon, fuivant l'efpèce defdites troupes, dans laquelle fervoit le défunt; & s'il eft Colonel ou Meftre-de-camp, fon régiment marchera en entier, indépendamment defdits détachemens.

7. Tous

7.

TOUS les détachemens commandés pour rendre des honneurs funèbres, feront formés indiftinctement fur toutes les compagnies, ainfi que les gardes de l'intérieur de la place.

8.

POUR le Gouverneur de la place, toute la garnifon prendra les armes, & marchera à fon convoi, avec les drapeaux.

9.

POUR les Lieutenans de Roi ou autre Commandant particulier de la place, la moitié de la garnifon prendra les armes, fans drapeau.

10.

POUR le Major de la place, lorfqu'il ne commandera pas, il y aura deux détachemens d'Infanterie, d'un Capitaine & cinquante hommes chacun; & s'il n'y a pas d'Infanterie dans la place, il y marchera deux détachemens de même force, de Cavalerie ou de Dragons, à pied.

11.

IL y aura un Capitaine & cinquante hommes pour un Aide-major; & un Lieutenant ou Sous-lieutenant & trente hommes pour un Sous-aide-major.

12.

IL y aura un Capitaine & cinquante hommes d'Infanterie pour un Commiffaire des guerres, & un détachement de même force, de Cavalerie ou de Dragons s'il n'y a pas d'Infanterie.

13.

POUR un Colonel ou un Meftre-de-camp, un Colonel-commandant ou un Meftre-de-camp-commandant, qui fera dans la place avec fon régiment, le régiment marchera en corps au convoi, celui de Cavalerie ou de Dragons marchera à pied.

14.

POUR les Colonels ou Meſtres-de-camp en pied, qui ne ſeront point avec leur corps, ou ceux qui n'auront que des réformes ou des commiſſions, on commandera quatre détachemens d'Infanterie d'un Capitaine & cinquante hommes chacun, pour les Colonels, & quatre détachemens de même force, de Cavalerie ou de Dragons pour les Meſtres-de-camp; bien entendu que s'il n'y a point d'Infanterie dans la place, la Cavalerie ou les Dragons fourniront les détachemens pour le convoi d'un Colonel; l'Infanterie les fournira de même pour un Meſtre-de-camp s'il n'y a point de Cavalerie dans la place.

15.

POUR un Lieutenant-colonel en pied, il y aura la moitié du régiment, par détachement, ſans drapeau.

16.

POUR un Lieutenant-colonel dont le régiment ne ſera pas préſent, ou qui ſera réformé ou par commiſſion, on commandera trois détachemens d'un Capitaine & cinquante hommes, chacun de la garniſon, ſans drapeau.

17.

POUR un Major, on commandera deux détachemens d'un Capitaine & cinquante hommes chacun.

Pour un Capitaine, un Capitaine & cinquante hommes.

Pour un Lieutenant ou un Sous-lieutenant, un Lieutenant ou Sous-lieutenant & trente hommes.

Pour un Quartier-maître, un Porte-drapeau, Porte-étendard ou Porte-guidon, un Sous-lieutenant & vingt hommes.

Pour un Fourrier, Sergent ou Maréchal-des-logis, on commandera un Sergent ou Maréchal-des-logis avec quinze hommes.

Pour un Caporal ou Brigadier, on commandera un Caporal ou Brigadier avec huit hommes, le tout du régiment dont ſera le défunt.

18.

Tous les détachemens qui marcheront pour rendre les honneurs funèbres, feront commandés par des Officiers ou bas Officiers de même grade que celui pour lequel ils feront, ou à leur défaut, par ceux du grade inférieur.

19.

Il en fera de même des Officiers qui devront porter les quatre coins du poêle.

Au convoi des Quartiers-maîtres, Porte-drapeaux, Porte-étendard ou Porte-guidon, le poêle fera porté, au défaut des Officiers de ce grade, par des Sous-lieutenans.

20.

Les Officiers & les Soldats, Cavaliers ou Dragons, passeront la platine sous le bras gauche.

21.

Les troupes qui feront commandées, feront trois décharges de leurs armes, savoir, la première lorsque le corps entrera dans l'églife, la feconde quand on le mettra en terre, & la troifième après l'enterrement en défilant devant la porte de l'églife ou devant la foffe s'il eft enterré dehors.

La poudre néceffaire fera tirée des magafins du Roi, fur l'ordre du Commandant de la place, à raifon de foixante coups par livre de poudre.

22.

Il fera mis des crêpes aux drapeaux, étendards ou guidons qui marcheront aux convois, les Timbales & Tambours feront couverts de ferge noire, & il fera mis des fourdines & des crêpes aux Trompettes.

23.

Les crêpes refteront aux drapeaux, étendards ou guidons à la mort d'un Colonel ou Meftre-de-camp jufqu'à ce qu'il ait été remplacé.

TITRE 29.

Des Scellés & Inventaires des Officiers des États-majors des Places & autres.

ARTICLE PREMIER.

LES Majors des places, & les Aides-majors en leur abfence, auront droit d'appofer le fcellé fur les effets des Officiers généraux employés par lettres de fervice, fur ceux des Officiers d'Infanterie, de Cavalerie & de Dragons, Aumôniers & Chirurgiens-majors des régimens, qui décèderont dans leur place, & d'en faire l'inventaire, fi ces Officiers y font tombés malades leur troupe y paffant, ou y étant en garnifon; ils en uferont de même pour les effets des Officiers d'Artillerie & des Ingénieurs, foit qu'ils fervent dans lefdites places par femeftre ou par extraordinaire, ou qu'ils y foient en réfidence fixe.

2.

ENTEND Sa Majefté que les papiers concernant les fortifications, qui fe trouveront chez un Ingénieur décédé, foit qu'il foit en réfidence ou non, foient remis auffitôt par inventaire, dont il fera envoyé une copie au Secrétaire d'État ayant le département de la guerre, entre les mains de l'Ingénieur principal réfidant dans la place, lequel pour cet effet fera tenu d'être préfent à l'appofition & à la levée du fcellé; & s'il n'y avoit point d'Ingénieur dans la place, le Major fera mettre lefdits papiers dans un lieu particulier, & il y appofera le fcellé, la levée duquel ne fe fera qu'en préfence du Directeur des fortifications du département ou de l'Ingénieur envoyé par lui, & muni de fon ordre par écrit pour les retirer.

3.

LES Commiffaires des guerres & du Corps royal, auront droit, à l'exclufion de tous autres, d'appofer le fcellé fur

les

les effets des Employés d'Artillerie qui décèderont dans une place, & de faire vendre les effets de ceux defdits Employés qui ne laifferont point d'héritiers à portée d'en prendre poffeffion.

4.

A l'égard de tous les autres Officiers militaires, qui feront employés en réfidence fixe dans les places, ou qui s'y trouveront fans leur troupe ou fans emploi, le droit en appartiendra aux Juges des lieux qui ont la connoif-fance des caufes des Nobles.

5.

L'OFFICIER-MAJOR de la place ne pourra faire vendre les effets des fucceffions qu'il aura inventoriés, fi cette vente n'eft néceffaire pour l'acquit des dettes que le défunt auroit contractées dans la garnifon & pour le payement des frais funéraires, ou s'il n'en eft requis par les héritiers; en ce cas il pourra retenir le fou pour livre fur le produit de la vente.

6.

IL remettra lefdits effets ou ce qui reftera du produit de la vente, lefdites dettes acquittées, à celui ou ceux qui juftifieront être les héritiers du défunt, en retirant d'eux une décharge valable; & en cas de conteftation, il dépofera lefdits effets ou argent au Greffe de la juftice des lieux, pour les délivrer à qui il appartiendra.

7.

LORS de la levée des fcellés qui auront été mis par les Juges des lieux, fur les effets de la fucceffion des Officiers militaires en réfidence, ils feront tenus d'y appeler le Major de la place, ou un Aide-major en fon abfence, pour en retirer les papiers qui concerneront le fervice du Roi, & les remettre au fucceffeur du défunt dans fon emploi, ou les envoyer au Secrétaire d'État ayant le département de la guerre, fi le défunt n'étoit pas dans le cas d'être remplacé.

Service des places. a Ccq

8.

L'ÉPÉE que portoit ordinairement l'Officier défunt, sera mise sur son cercueil lors de son enterrement, & le Major de la place ou à son défaut l'Aide-major qui le remplacera dans ses fonctions, la retiendra comme un honoraire, en considération du soin qu'il aura pris de faire rendre les honneurs militaires au convoi.

9.

SI le prix de cette épée étoit nécessaire pour l'acquit des dettes du défunt, elle y seroit employée par préférence.

Si le défunt en avoit disposé authentiquement, avant sa mort, celui en faveur duquel il en auroit disposé en mettroit à la place une autre du même métal.

TITRE 30.

Des Milices bourgeoises.

ARTICLE PREMIER.

LES Milices bourgeoises ne pourront s'assembler dans les villes qu'après en avoir obtenu la permission du Commandant de la place.

2.

DÈS qu'elles seront sous les armes, & employées au service de la place, elles reconnoîtront l'autorité dudit Commandant & des autres Officiers de l'État-major de la place; & elles seront sujettes à la justice militaire dans tous les cas & pour tous les délits militaires que les Officiers & Soldats desdites Milices pourront commettre, étant en faction, de garde, de détachement, de ronde, de patrouille, & en général dans l'exécution de tous les ordres émanés du Commandant.

3.

DANS tous les autres cas, lesdits Officiers & Soldats

de Milices bourgeoises, même étant de garde, seront justiciables des Juges royaux.

4.

Les Commandans des places, dont la garde sera confiée auxdites Milices, au défaut d'autres Troupes, demanderont aux Commandans desdites Milices, le nombre d'Officiers & de Fusiliers dont ils auront besoin ; mais ils ne pourront s'ingérer dans le détail des habitans qui devront marcher, ni dans celui des exemptions prétendues ; toutes les difficultés qui s'élèveront à cet égard, devant être portées à la décision de l'Intendant de la généralité.

TITRE 31.

Des Troupes qui passeront dans les Places.

ARTICLE PREMIER.

Les régimens d'Infanterie, de Cavalerie, de Dragons ou autres Troupes, qui logeront ou séjourneront dans les places ou quartiers pendant leur route, ou même qui ne feront qu'y passer, observeront, à leur entrée dans lesdites places, les règles établies par le *Titre* 3, pour les Troupes qui doivent y tenir garnison ; mais elles se rendront ensuite en droiture à leurs quartiers ou logemens, sans être obligées d'aller se mettre en bataille sur la place d'armes.

2.

Le Commandant de la place, se trouvera sur leur passage pour les voir défiler.

3.

En arrivant à leur quartier, le Commissaire des guerres publiera les bans ordonnés : le Major ou l'Aide-major de la place qui les aura conduits, y donnera l'ordre, & leur indiquera le lieu où elles devront se porter en cas d'alarme.

4.

LESDITES Troupes ne contribueront à la garde de la place, que dans les cas de néceffité; elles établiront feulement des gardes particulières de police à leur logement & à leurs équipages; & elles fourniront une fentinelle à leurs caiffe, drapeaux, étendards ou guidons: les petites gardes deftinées à fournir ces fentinelles, feront à cet effet reçues dans le corps-de-garde le plus voifin.

5.

LORSQUE lefdites Troupes féjourneront dans la place, elles feront tenues d'envoyer à l'ordre général, fur la place d'armes, comme fi elles étoient en garnifon dans la place.

6.

LESDITES Troupes enverront de même leurs Tambours ou Trompettes fur la place d'armes pour y battre ou fonner la *retraite* avec ceux de la garnifon; mais le jour de leur arrivée, lefdits Tambours ou Trompettes battront ou fonneront la *retraite* à la même heure feulement dans leurs quartiers & aux environs.

TITRE 32.

Du Départ des Troupes d'une Place.

ARTICLE PREMIER.

LORSQU'UN régiment d'Infanterie, de Cavalerie ou de Dragons, recevra ordre de partir d'une place, le Commandant de ce corps fera tout difpofer pour l'exécution de cet ordre; & à cet effet, il fera arrêter & folder tous les comptes du régiment avec les Maréchaux, Selliers, Fourniffeurs, Ouvriers ou autres Marchands.

2.

IL fera examiner avec foin en quel état fera la chauffure

de

de chaque compagnie, afin de faire délivrer, à compte de la fourniture de l'année, des fouliers aux Soldats qui en auront befoin pour faire la route.

3.

IL fera pareillement examiner les malades qui feront à l'hôpital du lieu par les Médecin, Chirurgien-major & Aide-major de l'hôpital & par celui du régiment; & ceux-ci donneront un état figné d'eux, des Soldats, Cavaliers ou Dragons qui ne feront pas en état de fuivre le régiment.

4.

LE Commandant d'un régiment de Cavalerie ou de Dragons, ordonnera de plus, dans chaque compagnie, le remplacement ou le relevé des vieux fers, & l'approvifionnement de fers neufs pour la route.

5.

IL fera examiner, par un Maréchal, les chevaux qui feront malades, afin de n'en laiffer en arrière que le moins qu'il fera poffible; fi cependant il s'en trouve un certain nombre, il laiffera avec eux le nombre de Cavaliers ou de Dragons néceffaires pour en prendre foin, aux ordres d'un Officier ou bas Officier.

6.

LE Commandant de la Troupe ordonnera au Major de faire raffembler tout ce qui fe trouvera d'harnachement, d'équipement & d'habillement excédant l'effectif de chaque compagnie, afin de faire tranfporter ces effets pendant la route.

7.

A l'égard des armes excédantes, le Major les fera dépofer au magafin de l'Artillerie, & retirera du Garde-magafin un reçu qui conftatera le nombre & la qualité des armes qu'il y aura dépofées, afin qu'à l'arrivée du régiment à fa nouvelle garnifon on lui en rende les mêmes quantité & qualité.

8.

S'IL y a d'autres Troupes dans la place, celle qui devra en partir ne fournira point de garde pour le service de la place, la veille de son départ.

9.

LE jour fixé pour le départ d'une Troupe, si elle est seule dans la place, les Tambours & Trompettes battront *la générale*, ou sonneront *le boute-selle;* s'il y a d'autres troupes dans la place, ils battront ou sonneront *le premier,* ensuite de *la générale* ou du *premier,* les Tambours ou Trompettes battront ou sonneront *l'assemblée* ou *le boute-charge,* puis *le drapeau & à cheval.*

10.

IL ne sera jamais laissé plus de deux heures d'intervalle de la *générale* au *drapeau,* & *du boute-selle à cheval.*

11.

LES Commandans des Troupes qui marcheront dans le royaume, règleront toujours l'heure du départ selon les saisons & la longueur des journées, de manière à éviter le plus de fatigue qu'il sera possible, aux hommes & aux chevaux.

12.

A la *générale* ou *au premier,* un Aide-major partira avec tous les Fourriers pour aller préparer le nouveau logement.

13.

LES convalescens ou autres Soldats du régiment, qui ne seront pas en état de marcher avec leur compagnie, s'assembleront à la *générale* & se mettront en marche sous les ordres des Officiers & bas Officiers commandés, relativement à leur nombre, pour se rendre en ordre au nouveau logement.

Ces Officiers & bas Officiers en prendront l'état par noms d'homme & de compagnie, afin d'en faire l'appel en route; ils observeront de plus de les mener doucement, & de les laisser reposer de temps en temps.

14.

DANS les régimens de Cavalerie ou de Dragons, les convalefcens & les chevaux éclopés feront raffemblés & conduits dans le même ordre & avec les mêmes précautions; les Officiers & bas Officiers qui les commanderont, obferveront de plus de ne pas laiffer monter les chevaux éclopés.

15.

A *l'affemblée*, toutes les compagnies fortiront de leurs cafernes ou logement avec armes & bagages, pour, dans le premier cas, fe former devant lefdites cafernes, & dans le fecond fe porter au rendez-vous indiqué pour l'affemblée du régiment.

16.

TOUS les Officiers, tant fupérieurs que particuliers du régiment, fe rendront à l'affemblée au quartier ou logement de leur régiment.

17.

PENDANT que le régiment fe mettra en bataille, le Major de la place ira avec le Commiffaire des guerres, un Ingénieur & le Quartier-maître du régiment, vifiter les pavillons & cafernes qu'il occupoit, & faire la vérification du procès-verbal dreffé lors de l'arrivée du régiment, conformément à *l'article 8 du Titre 3.*

18.

S'IL a été commis quelque dégradation de la part du régiment, le Major en rendra compte au Commandant de la place; l'Ingénieur ordinaire à l'Ingénieur en chef; & le Commiffaire des guerres en dreffera le procès-verbal avec un état eftimatif figné de lui & de l'Ingénieur, qu'il enverra fur le champ à l'Intendant de la province & au Secrétaire d'État ayant le département de la guerre, & le Commiffaire des guerres ordonnera la retenue du montant des réparations fur les Officiers de la compagnie qui occupoit les chambres où fe feront commifes les dégradations.

LES fournitures, meubles & uftenfiles qui auront été délivrés aux Troupes, feront rendus exactement aux Gardes-magafins, Entrepreneurs ou Hôtes qui les auront fournis, & lefdites Troupes feront tenues de tirer les reçus qu'elles en auront faits en arrivant, & de payer ou réparer avant leur départ tout ce qui fe trouvera avoir été perdu ou détruit; faute de ce, les Commiffaires des guerres, & en leur abfence les Majors des places, dreffront des procès-verbaux portant eftimation d'experts, les enverront fur le champ à l'Intendant de la province & au Secrétaire d'État ayant le département de la guerre, & ordonneront la retenue du montant defdites eftimations fur les Officiers qui par eux, leurs valets ou leurs compagnies auront occafionné le dégât.

20.

LORSQUE le Quartier-maître aura mis en règle tout ce qui a rapport aux logemens & fournitures du régiment, & retiré fes reçus, il rejoindra le logement pour affeoir, s'il en eft temps encore, l'établiffement du régiment dans le lieu où il devra coucher.

Ledit établiffement fera fait à fon défaut par l'Aide-major qui, conformément à *l'article 12*, fera parti avec les Fourriers du régiment.

A l'égard des autres jours de marche, le Quartier-maître partira avec lefdits Fourriers pour affeoir le logement, conformément à *l'article 1.er du Titre 3*.

21.

TOUS les habitans qui auront à porter plainte contre des Officiers, bas Officiers, Soldats, Cavaliers ou Dragons du régiment, feront obligés de la porter une heure avant le départ dudit régiment, aux Officiers municipaux qui fe tiendront à cet effet pour la recevoir à l'hôtel-de-ville ou autre lieu défigné; & le Commiffaire des guerres s'y trouvera auffi pour vérifier & conftater lefdites plaintes.

22. ALORS,

22.

ALORS, fur les demandes du Commiffaire des guerres, le Commandant du régiment fera obligé de faire faire fur le champ les réparations; & en cas de refus de juftice de fa part, le Commandant de la place ordonnera qu'elle foit faite fur le champ.

23.

LES bourgeois ou habitans qui feront contrevenus à la défenfe portée par *l'article 9 du Titre* 19, de faire crédit aux bas Officiers, Soldats, Cavaliers ou Dragons, ne feront reçus à aucune plainte à ce fujet, qu'ils ne foient porteurs des billets du Major du régiment ou du Capitaine de la compagnie.

24.

LES Officiers contre lefquels il fera porté des plaintes pour dettes, & qui n'y fatisferont pas fur le champ, feront mis en prifon, & y refteront jufqu'à ce qu'ils aient entièrement acquitté lefdites dettes.

Il en fera de plus rendu compte par le Commandant de la place au Commandant de la province.

25.

LORSQUE des Officiers feront laiffés en prifon pour dettes, le Commandant de la place prendra connoiffance de la nature defdites dettes; & fi dans le nombre il s'en trouve d'ufuraires ou de déraifonnables, les créanciers, envers lefquels elles auront été contractées, feront condamnés, fur les ordres de l'Intendant de la province, à trois cents livres d'amende applicable à l'hôpital du lieu.

26.

LA troupe étant en bataille, il en fera fait l'appel, & on enverra chercher les drapeaux, les étendards ou guidons dans l'ordre prefcrit par les Ordonnances de l'Exercice.

27.

LE régiment fe rompra enfuite pour fe mettre en *Service des places.* .E e e marche, traverſant la ville dans l'ordre & ſuivant les règles preſcrites aux *articles 13 & 14 du Titre* 3.

28.

UNE demi-heure après le départ du régiment, les habitans ou bourgeois ne pourront plus porter aucune plainte contre ledit régiment, & ſi pendant ce temps il n'y en a aucune de portée, les Magiſtrats ne pourront refuſer un certificat de *bien-vivre* à l'Officier-major du régiment qui ſera reſté à cet effet.

29.

LORSQUE le régiment ſera à deux cents pas de la place, en dehors du glacis ou de la première barrière, le Commandant lui fera faire *halte*, & ordonnera un ſecond appel; & s'il manque des Soldats, Cavaliers ou Dragons reſtés derrière ſans permiſſion, il enverra des Officiers de la compagnie dont ils feront pour en faire la recherche.

30.

L'ARRIÈRE-GARDE dudit régiment ne ſortira de la place qu'une demi-heure après le départ du régiment, & elle viſitera auparavant les logemens & les cabarets pour ramener avec elle les Soldats, Cavaliers ou Dragons qui feront reſtés derrière.

31.

SI après le départ de l'arrière-garde, il ſe trouve encore dans la place quelques Soldats, Cavaliers ou Dragons, les Officiers-majors de la place les feront arrêter & remettre à la Maréchauſſée pour les conduire à leur régiment.

32.

LA Maréchauſſée, s'il s'en trouve dans la place, enverra deux Cavaliers de la brigade, juſqu'à deux ou trois lieues, pour arrêter les Soldats, Cavaliers ou Dragons qui s'écarteront du chemin que tiendra le régiment,

& les conduire audit régiment; & les journées defdits Cavaliers leur feront payées à raifon de trois livres chacun, aux dépens des Officiers des compagnies defquelles feront les Soldats, Cavaliers ou Dragons.

TITRE 33.

Des Quartiers & Villes ouvertes.

ARTICLE PREMIER.

Lorsque des Troupes d'Infanterie, de Cavalerie, de Dragons, de Huffards & de Troupes-légères, fe trouveront en quartier dans une ville ou autre lieu où il n'y aura point d'État-major, l'Officier fupérieur en grade de toutes lefdites Troupes, y remplira les fonctions de Commandant de la place; le plus ancien Major, celles de Major; & les deux premiers Aides-major, celles d'Aides-major.

2.

S'IL fe trouve en même temps de l'Infanterie dans le même quartier, le commandement appartiendra à l'Officier fupérieur en grade de l'Infanterie ou de la Cavalerie, & à grade égal fi le lieu eft fermé d'une enceinte, mur ou foffé, à l'Officier d'Infanterie; & s'il eft ouvert, à l'Officier de Cavalerie : dans l'un ou l'autre cas, les fonctions de Major ou d'Aide-major de la place y feront toujours remplies par des Officiers d'Infanterie.

3.

LORSQUE plufieurs régimens fe rencontreront dans un même lieu de paffage, il en fera ufé, pendant le féjour qu'ils y feront, comme il eft prefcrit par les deux articles précédens.

4.

LES Officiers qui rempliront dans les quartiers les

fonctions des États-majors de places, ne pourront, sous ce prétexte, s'arroger aucuns droits, prérogatives ni autorité quelconques sur les habitans.

5.

ILS n'établiront pareillement, sous le prétexte de la comparaison du service des États-majors des places de guerre au leur, aucune règle de police pour les habitans; devant laisser ce soin aux Juges de police des lieux, ou aux Officiers municipaux à leur défaut.

6.

ILS se borneront à y faire servir les Troupes dans le même ordre & dans la même règle que dans les places de guerre, à y veiller à la discipline & subordination, & le Commandant en rendra compte à l'Officier général, dans le district duquel leurs quartiers seront situés.

7.

LORSQUE le Major d'un quartier en partira pour suivre son régiment, il remettra au Major qui le relèvera le registre des postes & du service journalier; mais s'il ne doit être relevé par personne, il laissera ledit registre au Maire ou autre Officier municipal dudit quartier, qui sera tenu de le remettre au Major du premier régiment qui viendra par la suite s'y établir.

8.

LE Commandant & autres Officiers qui, en conformité des *articles 1 & 2*, rempliront les fonctions des États-majors de places, dans les quartiers & lieux où seront leurs régimens, pourront s'absenter sur les congés & permissions ordinaires, sans que lesdites fonctions y puissent mettre obstacle : ils y seront en ce cas remplacés par les Officiers supérieurs & Officiers-majors les plus anciens en grade après eux.

TITRE 34.

TITRE 34.

Des Citadelles, Forts & Châteaux.

ARTICLE PREMIER.

LES Gouverneurs & Commandans des citadelles, forts & châteaux, rendront compte de tous les objets relatifs au service, aux Officiers généraux dans le district desquels se trouveront leurs places, ou à leur défaut au Commandant de la province.

2.

ON donnera aux Troupes qui composeront la garnison des citadelles, forts & châteaux, les mêmes fournitures qu'à celles qui tiendront garnison dans les villes, & elles se conformeront, envers les Gouverneurs & Commandans desdites citadelles, forts & châteaux, à tout ce qui est ordonné à l'égard des Gouverneurs & Commandans des places.

3.

LES Gouverneurs ou Commandans des citadelles, forts & châteaux, quand même ils commanderoient dans les villes & places auxquelles lesdites citadelles, forts & châteaux sont attachés, ne pourront en tirer la garnison ou partie d'icelle, sans un ordre exprès de Sa Majesté, hors le seul cas de nécessité urgente pour la sûreté & conservation desdites villes & places, auquel cas Elle leur permet de faire ou laisser sortir le tiers de leur garnison, & jamais davantage, sur les ordres ou réquisition par écrit qu'ils en recevront du Commandant en chef de la province, de l'Officier général commandant dans le district, ou du Commandant de la place.

4.

LESDITS Gouverneurs ou Commandans des citadelles,

forts & châteaux, n'y laisseront entrer aucune troupe que celles qui y seront envoyées par l'ordre exprès de Sa Majesté, à moins qu'Elle n'en eût donné le pouvoir spécial au Commandant de la province.

5.

LES Gouverneurs & autres Commandans particuliers dans les villes, ne pourront prétendre aucun commandement dans les citadelles, forts & châteaux qui en dépendent, s'ils n'en sont en même temps Gouverneurs.

6.

SERONT néanmoins obligés les Commandans des citadelles, forts, châteaux & réduits, d'envoyer tous les jours un Officier-major, & à son défaut un Sergent, prendre le mot de celui, quel qu'il soit, & de quelque grade qu'il se trouve, qui commandera dans la ville; mais ils pourront le changer immédiatement après que les portes de communication desdites citadelles, forts, châteaux & réduits avec la ville, auront été fermées, quand même le Gouverneur seroit dans la ville, pourvu toutefois que lesdites citadelles, forts, châteaux & réduits soient séparés de la ville par un fossé ou pont-levis.

7.

LES Commandans des citadelles, forts, châteaux & réduits, ne souffriront point qu'aucun étranger y réside sans la permission du Roi ou du Commandant de la province.

8.

ILS n'y laisseront entrer aucuns ballots, coffres, ni caisses fermées, à qui que ce soit qu'ils appartiennent, sans les avoir fait ouvrir & visiter.

9.

ILS ne feront jamais ouvrir les portes de secours, qu'en leur présence & dans des cas pressans, dont ils rendront compte au Commandant de la province.

10.

A l'égard des portes de communication avec les villes, elles feront fermées au foleil couchant, & ne feront ouvertes le matin qu'après le foleil levé.

11.

IL reftera toujours dans les citadelles, forts ou châteaux, un tiers des Officiers de la garnifon, indépendamment de ceux qui feront de garde.

12.

ON ne pourra recevoir ni retenir en prifon dans une citadelle, fort ou château, aucun Officier d'une autre garnifon, ni aucun particulier quel qu'il foit, fans un ordre exprès de Sa Majefté ou du Commandant de la province, lequel ne donnera lefdits ordres que dans des cas urgens dont il informera fur le champ le Secrétaire d'État ayant le département de la guerre.

13.

LE fervice fe fera d'ailleurs dans les citadelles, forts & châteaux comme il eft prefcrit pour toutes les places de guerre.

TITRE 35.

De la confervation des fortifications & bâtimens militaires.

ARTICLE PREMIER.

LES Officiers des États-majors des places & les Ingénieurs, veilleront à l'exécution des Ordonnances concernant la confervation des fortifications, & à ce qu'il ne foit bâti aucunes maifons & clôture de maçonnerie dans les faubourgs & aux avenues des places plus près de deux cents cinquante toifes de la paliffade du chemin couvert;

défendant Sa Majesté à toutes personnes, de quelque qualité & condition qu'elles soient, de contrevenir à ses intentions à cet égard, sous peine de désobéissance & de la démolition & du rasement desdites maisons ou jardins, sans aucun dédommagement.

2.

Ils tiendront pareillement la main à ce qu'il ne soit fait aucun chemin, levée ou chaussée, ni creusé aucun fossé à cinq cents toises près de leur place, sans que l'alignement en ait été auparavant concerté avec l'Ingénieur en chef de ladite place, lequel dans tous les cas sera tenu de prendre les ordres du Directeur des fortifications.

3.

L'Ingénieur en chef ne pourra faire construire aucune pièce nouvelle de fortification, ouvrir la place ni en interrompre l'entrée pour des réparations, sans en avoir auparavant informé le Commandant de ladite place.

4.

Lorsque les Soldats de la garnison seront employés aux travaux des fortifications, soit de leur propre gré & par convention avec l'Entrepreneur, soit y étant commandés; ils seront aux ordres seuls des Ingénieurs qui auront la conduite desdits travaux, & leur obéiront, de même qu'à l'Entrepreneur & à ses Commis en tout ce qui concernera l'ouvrage; & en cas de désobéissance, mutinerie & autre faute de cette espèce de la part de quelqu'un desdits Soldats, l'Ingénieur le fera arrêter par la garde la plus prochaine & en rendra compte sur le champ à l'Ingénieur en chef qui en informera le Commandant de la place.

5.

Tout bourgeois ou paysan qui sera employé aux travaux de la fortification, sera assujetti à la même discipline, & puni de même que le Soldat lorsqu'il se trouvera en faute, & il sera conduit dans la prison militaire; mais si le délit étoit grave, & méritoit une punition plus grande

que

que deux fois vingt-quatre heures de prifon; le Commandant de la place & l'Ingénieur en chef en rendront
compte au Commandant de la place & au Secrétaire d'État
ayant le département de la guerre, conformément à ce
qui a été prefcrit par *l'article 14 du Titre 19.*

6.

UN Officier de l'État-major de la place & un Ingénieur
ordinaire, feront enfemble tous les mois la vifite des
bâtimens à l'ufage des Troupes, des corps-de-gardes,
guérites & palissades, pour conftater l'état des réparations
à y faire, en diftinguant les dégradations qui auront été
faites par les Troupes.

7.

LORSQU'UNE voiture, paffant fur les ponts, aux portes
ou aux barrières, y fera quelque dégradation, la garde
l'arrêtera & la fera ranger de manière qu'elle n'embar-
raffe pas le paffage; le Commandant de la garde en fera
avertir auffitôt le Major de la place, qui de fon côté
fera auffi avertir l'Ingénieur en chef, & la voiture avec
les chevaux ne fera point relâchée que la dégradation n'ait
été payée par le voiturier.

8.

IL fera pofé trois ferrures à chaque porte des magafins
à poudre, avec différentes clefs, dont l'une fera gardée par
le Gouverneur ou Commandant de la place, une autre
par l'Officier principal d'Artillerie, & la troifième par le
Garde-magafin, en forte qu'aucun d'eux ne puiffe y
entrer fans la participation des deux autres; & dans les
places où il n'y aura point d'Officier d'Artillerie, il n'y
aura audit magafin que deux ferrures.

9.

LES jardins & arbres fruitiers qui fe trouveront dans
l'enceinte des magafins à poudre, feront totalement
détruits, & on ne fouffrira point qu'il y foit planté ni
arbres ni légumes, ni qu'il y entre aucune perfonne.

que celles qui y font néceffaires pour le fervice des magafins.

10.

Il n'y aura pareillement aucuns jardins ni arbres fruitiers dans tous les ouvrages extérieurs des places.

11.

Les fentinelles veilleront à ce qu'aucuns beftiaux ne pâturent fur les remparts, dans les foffés, demi-lunes & autres ouvrages, ni fur les glacis; voulant Sa Majefté que ceux qui y feront faifis par les Soldats, Cavaliers ou Dragons de garde, foient confifqués à leur profit, quand il fera bien conftaté qu'ils auront été ar-rêtés dans l'enceinte defdits ouvrages.

12.

Défend Sa Majefté aux Officiers-majors des places, de faire labourer ni femer fur les remparts, baftions & autres ouvrages, foffés, chemins couverts & glacis defdites places; leur permettant feulement d'en faire couper l'herbe deux fois l'an, en prenant les précautions néceffaires pour ne caufer aucun dommage.

13.

Enjoint expreffément Sa Majefté aux Ingénieurs de veiller à l'exécution des articles précédens.

TITRE 36.

Des Émolumens des États-majors des Places.

ARTICLE PREMIER.

Du produit de tous les émolumens que Sa Majefté veut bien accorder aux Lieutenans de Roi, Majors, Aide-majors & Sous-aide-majors de fes places, il fera fait une feule & unique Maffe, laquelle fera partagée entre lefdits Officiers-majors, de manière que le Lieutenant de Roi ait le double du Major, le Major le double d'un Aide-major, & l'Aide-major le double d'un Sous-aide-major.

L'intention de Sa Majefté étant que les émolumens des Gouverneurs defdites places, foit qu'ils y réfident ou qu'ils n'y réfident pas, reftent dans l'état où ils ont toujours été.

2.

CES émolumens, ainfi que le partage qui en doit être fait entre lefdits Lieutenans de Roi, Majors, Aide-majors & Sous-aide-majors, feront conftatés par les états que Sa Majefté a arrêtés & qu'Elle fera adreffer aux Commandans des provinces en même temps que la préfente ordonnance, pour commencer à avoir lieu du 1.er Janvier de la préfente année : Enjoignant Sa Majefté aux Gouverneurs ou Commandans en chef dans les provinces, & aux Intendans en icelles, d'y tenir exactement la main chacun en ce qui les concernera.

3.

LE produit des fumiers des chevaux des Cavaliers & Dragons, Huffards & Troupes-légères étant établis dans les cafernes, foit qu'il appartînt ci-devant aux villes ou aux Majors des places, fera réuni à l'avenir à la Maffe des feize deniers pour linge & chauffure du Cavalier & du Dragon ; bien entendu que les fourches & pelles néceffaires pour nettoyer les écuries feront prifes fur ladite Maffe.

4.

LES Officiers qui feront nommés aux emplois vacans, ne pourront rien prétendre aux émolumens defdits emplois, pendant tout le temps qu'ils feront reftés vacans ; lefdits émolumens devant être réunis à la Maffe pour augmenter le traitement des Officiers-majors de la place, d'un même grade ou d'un grade inférieur à l'emploi vacant, qui auront fait le fervice pendant la vacance de l'emploi.

5.

LES Officiers des États-majors des places, ne pourront recevoir aucune rétribution des troupes de la garnifon, ſous prétexte de fauteuils, chevaux de ronde, Écrivains, droits de ſortie de priſon, abonnement de café, & ſous tel autre titre que ce puiſſe être : Ordonne Sa Majeſté à tous les Officiers généraux employés en chef ou autrement, de veiller & de tenir la main à ce qu'il ne ſe paſſe aucun abus à cet égard.

6.

LESDITS Officiers des États-majors des places, ne pourront lever ni exiger aucune choſe quelconque, ſoit en nature ou en argent, ſur les bois, vin, bière & autres denrées qui ſe conſomment dans les villes & places, & qui y entrent ou en ſortent, ni obliger les Bouchers à leur donner les langues des bœufs, moutons & autres beſtiaux qu'ils tuent, s'ils ne ſont autoriſés à percevoir ces droits par les états arrêtés par Sa Majeſté, des arrêts du Conſeil ou autres déciſions particulières de Sa Majeſté.

TITRE 37.

Des droits & prérogatives de différens corps de Troupes.

ARTICLE PREMIER.

LA Gendarmerie étant dans une place de guerre, y fera le ſervice comme la Cavalerie légère, montera la garde à cheval, & fournira des détachemens ſoit pour aller à la guerre, ſoit pour les eſcortes, découvertes & patrouilles.

2.

ELLE fera auſſi le ſervice à pied, quand les circonſ-tances & la ſûreté de la place l'exigeront, de même qu'il eſt preſcrit à la Cavalerie légère, avec la différence néanmoins que les Gendarmes, ſoit à pied, ſoit à cheval, ne monteront point la parade ſur la place avec la garde

de

de la garnifon, mais qu'ils s'affembleront à leurs quartiers, d'où ils défileront aux poftes fixes qui leur feront deftinés, fans être fujets à d'autres infpections que celles des Officiers-majors de leur corps, & fans efcadronner, manœuvrer, ni être mêlés dans aucun cas avec d'autres troupes.

3.

LES troupes de Gendarmerie, en arrivant dans une Place de guerre, fe rendront directement à leurs quartiers, fans être obligées de fe former fur la place d'armes.

4.

LORSQUE les Commis des fermes fe préfenteront à une troupe de Gendarmerie, pour faire la vifite de la contrebande ; l'intention de Sa Majefté eft que le Commandant de cette troupe en faffe l'infpection en préfence des Employés des fermes, & qu'il remette auxdits Employés, la contrebande qui pourra fe trouver fur les Gendarmes ou fur les chevaux.

A l'égard des Valets & des équipages du corps, les Employés auront la liberté de les fouiller, en préfence d'un Officier.

5.

LE logement fera fourni aux Officiers fupérieurs de la Gendarmerie, conformément aux grades de Meftre-de-camp de Cavalerie ou de Lieutenant-colonel, tels qu'ils font attachés à leurs charges.

Il en fera ufé de même pour les autres Officiers de ce corps.

6.

LE logement des Gendarmes fe fera chez les perfonnes exemptes ou non exemptes, privilégiées ou non privilégiées, en obfervant néanmoins de n'affeoir le logement chez les perfonnes exemptes, qu'autant qu'il ne s'en trouveroit pas affez de convenables chez les perfonnes non exemptes ; voulant cependant Sa Majefté que les Eccléfiaftiques, les Gentilshommes & Officiers

Service des places.   .   H h h

militaires ne foient fujets au logement des Gendarmes, pour les maifons qu'ils occupent perfonnellement, que dans le cas d'une néceffité indifpenfable.

7.

LE Major, l'Aide-major ou Sous-aide-major de la Gendarmerie, prendra directement le mot du Commandant de la place, recevra l'ordre & le détail du fervice du Major de la place, & le rendra enfuite au cercle particulier de ce corps, qui fera formé par les Brigadiers & Sous-brigadiers des compagnies, & non par les Maréchaux-des-logis.

8.

LA Gendarmerie ne fournira de fentinelles qu'aux prifons, aux magafins, aux arfenaux & au Tréforier, les Officiers généraux ou Commandans des places ne pouvant exiger de ce corps, ni fentinelles, ni détachemens d'efcortes honoraires.

9.

LA Gendarmerie fe conformera à ce qui eft porté au *Titre* 10 de la préfente Ordonnance, concernant l'heure de la retraite & les patrouilles, à moins que le Commandant de la place n'ait donné une permiffion particulière aux Gendarmes de fe retirer plus tard.

10.

LES Gendarmes n'affifteront point aux exécutions, ni en corps ni par détachement.

11.

LA Gendarmerie exercera fa juftice & difcipline particulière, ainfi qu'elle eft établie dans fon corps.

12.

IL ne fera affemblé aucun Confeil de guerre pour la Gendarmerie, fans un ordre particulier de Sa Majefté, & la fentence rendue ne pourra être exécutée qu'elle ne ne lui ait été renvoyée, pour la confirmer, commuer la

pcine portée, ou faire grâce au coupable fuivant que
Sa Majefté le jugera à propos.

1 3.

LES Gendarmes difpoferont des fumiers de leurs
chevaux.

1 4.

LES Officiers-majors de la Gendarmerie mettront le
fcellé fur les effets de la fucceffion des Officiers de ce
corps, & en feront l'inventaire & la vente à l'exclufion
de ceux des places.

1 5.

ENTÉND Sa Majefté, que fous prétexte de ces diftinc-
tions ou tel autre que ce foit, les Gendarmes ne puiffent
fe difpenfer d'obéir aux Officiers, foit d'Infanterie, de
Cavalerie ou de Dragons des autres troupes de la garnifon, en tout ce qui leur fera ordonné par eux pour
le fervice de Sa Majefté.

1 6.

LE logement des Officiers des régimens des Gardes-
françoifes & Suiffes, fera établi, fuivant leur grade, chez
les perfonnes exemptes ou non exemptes, conformément
à ce qui eft prefcrit par *l'article 6* pour les Officiers de
la Gendarmerie.

Gardes-françoifes & Suiffes.

1 7.

LES régimens des Gardes-françoifes, & Suiffes en arrivant dans une place de guerre, fe rendront directement
à leurs quartiers, fans être obligés de fe former fur la
place d'armes.

La publication des bans leur fera faite par leurs
Officiers-majors.

Les Officiers entreront à cheval à la tête de leur
troupe, qui fera conduite par un Officier-major de
leur corps.

1 8.

LES Officiers & Sergens des Gardes-françoifes & Suiffes,

commandés pour monter la garde aux poftes qui leur feront affectés, tireront leur pofte entr'eux & féparément des autres troupes, & ils feront commandés, pour le fervice, par les Officiers-majors de leur corps.

19.

LES détachemens fournis par ces deux régimens, ne monteront point la parade fur la place, ils s'affembleront à leurs quartiers pour fe rendre directement à leurs poftes, & ne feront infpectés que par les Officiers de leurs corps.

20.

LORSQUE dans une place où il n'y aura point de compagnies du régiment des Gardes-françoifes, il s'en trouvera du régiment des Gardes-fuiffes avec d'autres troupes, les deux premières compagnies françoifes de la garnifon prendront la droite fur lefdites compagnies des Gardes-fuiffes, & feront le fervice avec elles comme feroient les compagnies des Gardes-françoifes.

21.

CES régimens ne fourniront de fentinelles qu'à leur corps-de-garde, aux poftes qu'ils occuperont, aux prifons, aux magafins, aux arfenaux & au Tréforier, mais ils n'en fourniront jamais aux Commandans des places.

22.

LORSQU'UN Sergent des régimens des Gardes-françoifes ou Suiffes, relèvera un Officier d'un autre régiment dans un pofte, cet Officier fera tenu de donner lui-même la configne au Sergent du régiment des Gardes.

23.

LE Major ou Aide-major des régimens des Gardes-françoifes & Suiffes, prendra directement le mot du Commandant de la place; il recevra l'ordre & le détail du fervice de la place du Major de ladite place, & le rendra enfuite au cercle particulier de ces corps.

24.

LORSQUE les régimens des Gardes-françoifes & Suiffes, feront en garnifon dans les places, un Capitaine de

chacun

chacun de ces régimens fera tous les jours l'infpection
des détachemens qui devront monter la garde, pour
voir fi ces détachemens font complets en Officiers,
Sergens, Caporaux & Soldats; & il vifitera plufieurs
fois, tant de jour que de nuit, les poftes où lefdits détachemens monteront, pour connoître fi les Officiers &
Soldats y font le fervice avec l'exactitude prefcrite.

2 5.

LES Commandans des gardes defcendantes ne feront
tenus de rendre compte qu'à l'État-major du régiment,
de tout ce qui fe fera paffé contre la police du corps.

26.

A l'égard des honneurs que lefdits régimens doivent
rendre, ils fe conformeront à tout ce qui leur eft prefcrit
par le Règlement du 8 décembre 1691.

27.

LES régimens des Gardes-françoifes & Suiffes, exer-
ceront leur juftice dans les places, ainfi qu'elle eft établie
dans leur corps.

28.

LORSQUE le corps des Grenadiers de France fe
trouvera dans une place, il ne montera jamais la garde
que par compagnie, & il ne fournira jamais plus de fix
compagnies pour la garde, hors les cas de guerre ou
de fiége, dans lefquels il fe conformera à tout ce que
le Commandant de la place lui prefcrira pour le fervice
de Sa Majefté.

29.

TOUTES les fois que le corps des Grenadiers de
France fera en garnifon avec plufieurs régimens dans
une place, il fera affigné des poftes féparés aux compagnies de ce corps, fans les mêler avec les Grenadiers des autres régimens, & dans aucun cas avec les
Fufiliers.

Service des places.   Iii

30.

LES Fourriers, Sergens & Caporaux du corps des Grenadiers de France, feront toujours cercle à part pour recevoir l'ordre & le mot.

31.

CE corps ne fournira point de Travailleurs, & ne fera point de corvées, à moins qu'il ne foit feul.

32.

Régimens Étrangers.

LES régimens Suiffes & Étrangers ayant leur juftice particulière, pourront tenir leurs Confeils de guerre dans les places chez leur Commandant, à la prifon ou en tel autre endroit qu'ils jugeront convenable, & les Majors de ces régimens inftruiront les procès des Soldats de leurs corps, felon les formes ufitées dans leur nation, à l'exclufion de ceux des places.

33.

LES Commandans de ces régimens, ne pourront cependant affembler le Confeil de guerre, qu'après en avoir obtenu la permiffion du Commandant de la place; & ils feront tenus d'envoyer audit Commandant un Officier pour l'informer du jugement & lui demander la permiffion de le faire exécuter fuivant leur ufage.

34.

LES Officiers defdits régimens étrangers, qui ont leur juftice particulière, ne feront point tenus de fe trouver à d'autres Confeils de guerre qu'à ceux de leur régiment.

35.

LES Majors defdits régimens mettront le fcellé fur les effets de la fucceffion des Officiers de ces régimens, & en feront l'inventaire & la vente par préférence à ceux des places ; à l'égard de l'épée defdits Officiers, elle appartiendra au Major de la place, à l'exclufion du Major du régiment étranger, lorfque le convoi defdits Officiers étrangers aura reçu les honneurs militaires par les foins du Major de la place ; à la réferve cependant de l'épée des Officiers des régimens Suisses & Grisons, qui restera entre les mains du Major du régiment.

36.

Les Troupes-légères se conformeront, pour le service qu'elles auront à faire dans les places; si c'est à cheval, à tout ce qui est ordonné pour la Cavalerie; & si c'est à pied, à tout ce qui est ordonné pour l'Infanterie.

Mande & ordonne Sa Majesté aux Gouverneurs & Lieutenans généraux des provinces, aux Commandans en icelles, aux Officiers généraux employés, aux Gouverneurs & Commandans des places, de tenir la main à l'exécution de la présente Ordonnance.

Enjoint Sa Majesté aux Lieutenans de Roi, Majors, Aides-majors & Sous-aides-majors des places, aux Officiers d'Artillerie, Ingénieurs, Commissaires des guerres & tous autres Officiers qu'il appartiendra, de s'y conformer avec la plus grande exactitude.

Ordonne Sa Majesté aux Commandans des régimens, de ne rien négliger pour que tous les Officiers soient parfaitement instruits de ce qui les concerne dans ladite Ordonnance.

Aux Majors desdits régimens, de faire faire des extraits aux bas Officiers de tout ce qu'ils doivent exécuter.

Aux Capitaines, de la faire lire aux Soldats aussi souvent qu'il sera nécessaire, & sur-tout aux Soldats de recrue.

Enjoint particulièrement Sa Majesté aux Intendans des provinces, de veiller à ce que ladite Ordonnance soit entièrement suivie en ce qui les concerne, & de tenir la main à ce que les habitans de leur généralité se conforment exactement à tout ce qui leur est prescrit.

Dérogeant Sa Majesté à toutes ordonnances, édits, déclarations, arrêts & décisions précédemment rendus concernant les Troupes, en tout ce qui se trouvera contraire à la présente. FAIT à Versailles le premier Mars mil sept cent soixante-huit. *Signé* LOUIS. *Et plus bas,* LE DUC DE CHOISEUL.

TABLE DES MATIÈRES.

TABLE DES MATIÈRES

CONTENUES

DANS L'ORDONNANCE CONCERNANT LE SERVICE DES PLACES.

Du 1.er Mars 1768.

A

B

C

D

E

F

G

H

Fin de la Table des Matières.

www.ingramcontent.com/pod-product-compliance
Lightning Source LLC
LaVergne TN
LVHW011944180726
843502LV00005B/1332